Druidenweisheit

Dieses Buch widme ich aus ganzem Herzen und ganzer Seele meinem Sohn Joshua für seine Geduld und seine Weisheit und Pilip Shallcrass, der so viele Male meine Bibliothek war, voller Wissen, Heiterkeit und Zuneigung.

Ich danke allen innerhalb der Tradition, die mir von ihrem Glauben und ihrer Praxis erzählten und meine Fragen mit Freundlichkeit und Großmut beantworteten.

Sei gegrüßt, mein Gott der Goldenen Flügel, dessen Flug mich durch diese Seiten getragen hat! Sei gegrüßt, meine Göttin der Funkelnden Tiefen, deren lichte Dunkelheit mir den Grund erhellte! Seid gegrüßt, gesegnete Ahnen, Druiden aus alter Zeit, Euer Segen sei in diesen Worten und mit allen, die sie berühren.

Emma Restall Orr

Druidenweisheit

Urania

1. Auflage 2001
ISBN 3-908653-27-4

Herausgeber: Jillian Stewart
Design: Wheelhouse Creative
Fotos von PhotoDisc Europe Ltd.

Aus dem Englischen übersetzt von Astrid Ogbeiwi
Satz: Fotosatz Reinhard Amann, Aichstetten
Printed in Hong Kong

Inhalt

Druiden

gehen einen spirituellen Weg, auf dem sie Ahnen und Naturgeiste ıren und Individualität und Kreativität feiern.

Was ist Druidentum?

Möchten Sie das wirklich wissen? Dann legen Sie dieses Buch ein Weilchen aus der Hand …

… und schnüren Sie ein Bündel mit etwas zu essen und zu trinken. Tragen Sie wetterfeste Kleidung, Pulli und Regenmantel, wenn nötig. Halten Sie einen Augenblick inne. Sehen Sie sich um. Gehen Sie langsam durch Ihre Wohnung, und nehmen Sie alles bewusst wahr, was Ihre Persönlichkeit ausdrückt, was Sie geschaffen haben, was noch in Arbeit ist, was Sie sein oder als was Sie gelten möchten. Achten Sie darauf, was Ihnen wertvoll ist und was nicht. Wählen Sie etwas aus, was real oder symbolisch für das steht, was Ihnen am meisten bedeutet. Sie sollten es loslassen, weggeben können, und doch sollte es Ihnen so viel bedeuten, dass dieses Weggeben Sie tief berührt, Ihnen vielleicht sogar schwer fällt. Packen Sie es ein, verlassen Sie das Haus und gehen Sie irgendwohin, wo es keine Häuser, keinen Teer und keinen Asphalt mehr gibt, gehen Sie in eine Landschaft, die der ungebändigten Natur so nahe wie möglich kommt (und in der man sich dennoch gefahrlos allein aufhalten kann). Wo das auch sein mag, bleiben Sie dort einen ganzen Tag oder auch mehrere Tage lang: Gehen Sie umher, beobachten Sie, spüren Sie, sitzen Sie still und hören Sie zu – sich selbst und der Welt um Sie herum.

Dieses Zuhören erreicht man nicht durch Anstrengung. Es ist ein Prozess des Gewahrwerdens, ohne reagieren oder antworten zu müssen. Und während wir zuhören, erwachen unsere Körpersinne. Wir beginnen, bewusst durch die geöffneten Poren zu atmen, mit dem feinstofflichen Energiekörper zu beobachten und zu spüren. So wirkt unsere Gegenwart weniger störend auf die Welt um uns. Hören Sie eine Zeit lang so zu. Und wenn Sie das Zuhören beenden, um etwas zu essen, dann teilen Sie Ihre Nahrung bereitwillig und dankbar, indem Sie mehr als nur ein bisschen an die Erde zurückgeben. Lassen Sie ein Häufchen Essen an einer geschützten Stelle liegen, wo die kleinen Wesen es finden können, oder begießen Sie den Boden mit einem großen Schluck Ihres Getränks.

Wenn Sie das Gefühl haben, dass Ihre Präsenz allmählich mit der Umgebung verschmilzt, die Sie durchstreifen, dann beschäftigen Sie sich in Gedanken mit Ihrer Suche, mit dem Wunsch, mehr über die alte Tradition des Druidentums zu erfahren. Welches sind Ihre Beweggründe? Was erhoffen Sie sich? Was erwarten Sie? Wenn Sie aufgeschlossen zuhören, wenn Sie innerlich ruhig geworden sind, weil Ihr Selbstempfinden mit der Natur um Sie herum verschmolzen ist, vermitteln Ihnen die Antworten, die Sie jetzt vernehmen, einen ersten Eindruck vom Druidentum. Diese Antworten sind von einer Klarheit, die mehr sagt als jedes geschriebene Wort. Mit ihnen stellt sich auch das Wissen ein, um den ersten Schritt auf Ihrer Reise in diese Tradition hinein zu tun.

Jetzt ist es an der Zeit, Ihr Geschenk dazulassen, als Opfergabe an die Erde, die Sie nährt, und an alle, die Ihnen auf dem Weg vorangegangen sind, die druidischen Ahnen, die Sie auf Ihrem Weg führen werden. Wie Sie das Opfer gestalten, ist Ihnen überlassen. Schmiegen Sie es in die Astgabelung eines Baums, werfen Sie es ins Wasser, oder geben Sie es auf dem Nachhauseweg in einem Laden für Bedürftige ab. Wenn Sie ehrlich und aufrichtig der Meinung sind, dass Sie den Punkt noch nicht erreicht haben, an dem Sie Ihr Geschenk weggeben, es in Dankbarkeit loslassen können, dann kommen Sie ein anderes Mal wieder. Aber lesen Sie erst weiter, wenn Sie das Geschenk gegeben haben.

Vorstellung . . .

Vor unserem inneren Auge steht der alte Druide, eine Vorstellung, die wir als echt, als klassisch übernommen haben. Er ist hager, um die 70 Jahre alt, mittelgroß, hat langes, wirres Haar und einen noch längeren, spitz zulaufenden Bart. Er trägt ein schlichtes cremeweißes Gewand und über den Schultern einen dunklen Umhang mit weich fallender Kapuze; seine Füße stecken in Sandalen. In der Hand hält er einen Mistelzweig, eine goldene Sichel oder einen reich verzierten Holzstab.

Auch wenn die Details variieren, stets trägt er Aspekte jener feinfühligen und doch kraftvollen alten Männer, die uns im Leben begegnet sind, vermischt mit Bildern aus Märchenbüchern und Fantasyromanen, die wir gelesen, und Filmen, die wir gesehen haben. Ob von lichter oder dunkler Erscheinung, der alte Druide ist stets ein Quell universaler, überwältigender Weisheit.

und Wirklichkeit

Der starke Geist dieses Alten, seine Gewissheit und geistige Beweglichkeit, seine Verbundenheit mit der Natur, seine Feinfühligkeit und Weisheit – sie sind kraftvolle Quellen der Inspiration, selten aber objektive Realität. Das Bild des modernen Druiden umspannt ein enormes Spektrum, das zusehends breiter und variantenreicher wird. Heute kann ein Druide ebenso gut eine Frau wie ein Mann sein und jeder Gesellschaftsschicht, jeder Religion und jedem Bildungsstand angehören. Druiden sind gut oder schlecht situiert, beiderlei Geschlechts und beliebiger Rasse oder Nationalität. Menschen aller Altersstufen fühlen sich der Tradition verbunden, von den Kindern von Druiden bis zu Hochbetagten. Ein Druide kann in der Stadt oder auf dem Land leben, kann Rechtsanwalt oder Grundschullehrer sein, Kunststudent oder Krankenschwester, Buchhalter, alternativ lebender Naturschützer oder Inhaber einer Softwarefirma.

Was ist es also, das alle diese Menschen zusammenbringt, um eine uralte Tradition zu lernen und zu feiern? Was ist Druidentum?

Die Schwierigkeit der Definition

Mit der steigenden Anzahl der Menschen, die das Druidentum entdecken, wächst auch die Zahl der Orden und kleinen Gruppen, jede inspiriert von und aufbauend auf einer anderen Facette der Tradition, jede mit eigenen Prioritäten, eigener spiritueller und ritueller Struktur. In einer spirituellen Tradition mit so vielen unterschiedlichen Blickwinkeln ist es fast unmöglich, eine allgemein gültige Definition zu finden. Gruppenversammlungen wurden zu diesem Thema abgehalten, es wurde mit großem Ernst und in Bierlaune darüber diskutiert, man hat die alten gälischen Brehon-Gesetze studiert und intensive Nabelschau betrieben. Aber es gibt einfach keine heilige Schrift, auf die sich alle Druiden beziehen könnten. Es gibt keinen einzelnen Gott, noch nicht einmal ein einzelnes Pantheon, den oder das alle Druiden als die göttliche Kraft verehren. Es gibt keine Propheten, die große Wahrheiten und rituelle Pflichten festgeschrieben hätten – nur eine bunte Mischung historischer und mythischer Heroen.

In vielerlei Hinsicht ist das Druidentum noch komplexer als der Paganismus (das moderne Heidentum) oder eine andere breit gefächerte spirituelle Richtung wie der Hinduismus. Druidentum ist ein wahrhaft polytheistischer Glaube, der jeder Gottheit oder jeder Gottheitsvorstellung, ihren Priestern, Anhängern und Gelehrten Raum gibt und Achtung entgegen bringt. Viele Angehörige der Tradition nennen sich Christen, andere wiederum versichern, das Druidentum sei keineswegs eine Religion, noch nicht einmal unbedingt eine spirituelle Lehre, sondern einfach eine Lebensphilosophie.

In ihrer Mehrzahl sind Druiden jedoch auf die eine oder andere Art moderne Heiden. Wenn man das so ausdrücken will, muss allerdings geklärt werden, wie der Begriff „Heidentum" oder „Paganismus" in der Tradition verstanden wird. Ein Heide ist jemand, der die Geistwesen und Gottheiten seiner unmittelbaren Umgebung verehrt – der Erde unter seinen Füßen, seines Brunnens oder seiner Wasserquelle, seiner Wälder und Flüsse, seiner Felder und Bauten, seiner Sonne und seines Mondes, mehr noch, die Gottheiten in allem, was die Welt um ihn herum ausmacht.

Eine Erd- und Ahnenreligion

Man könnte das Druidentum auch als Erd- und Ahnenreligion beschreiben. Die Ursprünge des Glaubens mögen zwar im Unklaren liegen, seine Essenz ist aber immer noch die Verehrung der fruchtbaren Erde und der Väter und Mütter, der Spender von Leben und Weisheit.

Eine in weiten Kreisen akzeptierte Theorie über den Ursprung des Glaubens führt uns zurück zu den primitiven Kulturen des steinzeitlichen Europa und zur Triebfeder jeder Religion: dem Bedürfnis, aus Überlebensdrang die Welt um uns herum zu verstehen und über die Fruchtbarkeit des Landes und des Stammes die Zukunft zu sichern. In diesem Punkt verbindet sich das Druidentum mit allen anderen Erd- und Ahnenreligionen auf der ganzen Welt, den Religionen der eingeborenen Völker Amerikas, der Maori und Huna, der Aborigines, der Roma und der spirituellen Traditionen Afrikas und Asiens.

Zwar hat die Wissenschaft viele Fragen und Ängste unserer Vorfahren gelöst, doch die Verehrung der Mysterien und Manifestationen des Lebens ist auch heute noch ein höchst heiliger und lohnender Akt, tief verwurzelt im Herzen des modernen Druidentums.

Gutes Schuhwerk und Kompass

So verstanden wird deutlich, dass die Ehrung der Ahnen und die Ehrung des Landes die beiden Eckpfeiler der druidischen Tradition sind. Die Ahnen fangen bei unseren Eltern an und reichen so weit zurück, wie wir uns nur vorstellen können. Meist wissen wir wenig über unsere Vorfahren, jenseits der Großeltern verschwimmt die Abstammungslinie, doch für Druiden ist das kein Muss. Die Ahnen existieren als geistiges Volk und umfassen nicht nur unsere Blutsverwandten, sondern auch die Menschen, die auf dem Land unter unseren Füßen lebten und starben. Geehrt werden auch unsere geistigen Ahnen, alle, die der Tradition angehörten, unsere lebenden und toten Lehrer und Führer.

Da im Druidentum die nicht auf eine Verwandtschaftslinie oder Art begrenzte Seelenwanderung allgemein akzeptiert ist, werden die Gaben an die Ahnen in dem Bewusstsein dargebracht, dass der Druide damit auch seinen Nachkommen opfert und sie ehrt, seinen leiblichen Nachkommen, seinen Nachkommen auf der Erde und in der Tradition.

Aus dieser Verehrung der Ahnen und des Landes ergeben sich zwei Dinge, die selbst wiederum wichtiger Bestandteil einer Definition des

Druidentums sind. Ein Druide akzeptiert ohne Vorbehalt die persönlichen Erfahrungen des Einzelnen, seine Sicht der Dinge, seine Götter und seine religiöse Praxis (solange sie nicht die Erde oder die Ahnen beleidigt): vollkommene Toleranz. Und ein Druide betrachtet jede Kreatur, sei sie aus Stein, Holz oder Blattgrün, habe sie Flosse oder Feder, sei sie geflügelt oder vierbeinig, krieche oder gleite sie, sei sie behaart, fellig oder glatthäutig und, auch das Menschenvolk in erster Linie als Geistwesen. Daher haben für ihn alle das gleiche Recht auf Leben, Achtung und Würde: vollkommene Gleichheit.

Wenn wir diese Elemente, das Land und die Ahnen als die großen Grundwerte des modernen Druidentums verstehen, können wir wohl einen Augenblick innehalten. Denken Sie einmal darüber nach. Wie sehr ehren Sie Ihre Eltern? Was wissen Sie über Ihre Blutsverwandten und über die Ahnen der Erde unter Ihren Füßen? Wie können oder könnten Sie sie ehren, ihren Geist, ihre Erfahrung, ihre Gaben anerkennen? Und was ist mit den Lehrern, die Ihre Führer waren, was mit Lektionen, die zu lernen Ihnen schwer fiel, und mit anderen, die Sie mit Bravour bestanden? Wie steht es mit Ihrer Haltung zur Erde? Denken Sie darüber nach, was Sie von der Erde erhalten und wie Sie dafür gedankt haben, inwiefern Sie bewusst ein Geschenk erwidert, etwas zurückgegeben haben.

Streifen Sie sich diese Grundwerte über wie robuste Wanderstiefel, und schnüren Sie sie gut. Auf Ihrer Reise in die Tradition sorgen sie für sicheren Tritt. Und nehmen Sie sich für den Weg, der vor Ihnen liegt, die Grundsätze Toleranz und Gleichheit zum Kompass. Sie weisen Ihnen die Richtung, sollten einmal dunkle Wolken des Zweifels aufziehen.

Die Reise

Mein erster Rat an Sie war, mit dem Lesen aufzuhören, die zivilisierte Welt zu verlassen und sich in die freie Natur zu begeben, wo die Schwingungen des Menschen nicht allgegenwärtig sind. In der unberührten Natur gaben Sie ein Stück von sich zum Ausdruck Ihrer Bereitschaft, mehr zu entdecken. Solche Opfergaben verbinden unsere Freude darüber, was wir sind und was wir bekommen haben, mit unserer Bereitschaft, etwas von uns zu geben, und helfen uns, deutlicher zu sehen, was wir haben und zu welchen Veränderungen wir bereit sind.

Hier in den Armen der Natur, in den Farben des Sonnenuntergangs, in den Gedanken, die uns durchströmen, wenn wir durchs Gras hindurch den Horizont betrachten und dabei unter dem Körper die Erde spüren, hellwach und lauschend, weht der Geist des Druidentums. Die Erde selbst mit ihren Gezeiten und Zyklen der Natur ist die heilige Schrift der Tradition und zugleich die Quelle ihres Verständnisses. Meine Worte sind nicht mehr als eine grobe Landkarte und eine Geländebeschreibung mit Hinweisen, was uns auf dem Weg begegnen könnte.

Wir müssen uns nicht zwingen, an etwas zu glauben oder zu lieben und blind Folge zu leisten. Das Druidentum ist die spirituelle Reise der einzelnen Seele, eine Reise, die alle individuellen Sichtweisen achtet.

Wem könnten wir unterwegs begegnen?

Jeder Weg ins Druidentum führt den Reisenden an eine Stelle, an der er anderen Druiden und Suchenden begegnet. Den Weg allein zu gehen ist oft notwendiger Bestandteil der Reise, der Zusammenschluss mit anderen kann aber lohnend und lehrreich zugleich sein.

Die dem Reisenden begegnen, können aus einem beliebigen Sektor des druidischen Spektrums kommen und innerhalb der Tradition auf ganz unterschiedlichen Ebenen arbeiten. Die mystische Spiritualität im Kern des Druidentums ist ein Ort tiefer persönlicher Hingabe, der Druiden inspiriert, ihr ganzes Leben nach ihrem Glauben auszurichten. Um den Kern herum befindet sich die größere Gemeinschaft der Druiden, in der Engagement und Disziplin nicht im selben Maß gefordert sind. Zu dieser Gruppe gehören viele, die einfach ein wenig mehr lernen, miteinander die Feste und Riten begehen und nach druidischen Prinzipien leben wollen.

Wem wir auch immer begegnen, wir sollten uns stets vergegenwärtigen, dass jeder Einzelne, ob körperliches oder geistiges Wesen, für keinen anderen Teil der Gemeinschaft oder der Tradition steht als nur für sich selbst.

Wohin führt der Weg?

Das Druidentum ist eine heilige Reise zur Entdeckung der Schönheit und Heiligkeit allen Lebens, in physischer wie in spiritueller Hinsicht. Aber dem Druiden ist das Wissen, dass alle Wesen heilig sind, nicht genug: Der Weg führt über diesen Punkt hinaus an einen Ort, wo die Berührung durch die Götter spürbar wird. Zu den Kernpunkten der Tradition gehört der *Awen*. Dieses alte walisische Wort kann als „der fließende Geist" übersetzt werden und bezeichnet den Fluss der göttlichen Inspiration, der sich zum Zeitpunkt des ganz persönlichen Kontakts aus einer Gottheit auf den Druiden ergießt. Mit der Inspiration kommt die Energie, die der Druide braucht, um diese Inspiration durch sich hindurch in seine Kreativität einfließen zu lassen. Diese von der segensreichen Verbindung mit dem Göttlichen inspirierte Kreativität kann sich auf vielerlei Weise äußern, je nach Begabung des Einzelnen, seinen eigenen oder den Bedürfnissen des oder der Menschen, für die oder mit denen er arbeitet. Dichtung und Musik, das Erzählen von Märchen und magischen Mythen sind die am häufigsten assoziierten Formen kreativen Ausdrucks, die aus dem Druidentum hervorgehen.

Wie alles begann

Beginnen wir unsere Reise mit einem Halt, kaum dass wir unseren Fuß auf den Weg gesetzt haben. Betrachten wir einmal die Landschaft, aus der dieser Weg hervor ging. Als ununterbrochene Linie, die bis zum fernen Horizont reicht, ist er nicht zu erkennen. Wer die alte Tradition mit großer Begeisterung aus dem Glauben heraus betritt, es gebe eine starke, ununterbrochen Linie vom antiken Druidentum bis heute, für den mag der Anblick dieses immer wieder unterbrochenen Weges eine herbe Enttäuschung sein. Dennoch ist das Druidentum eine wachsende Tradition. Wie ist das möglich?

Die Quellen

Aus prähistorischer Zeit sind so gut wie keine Indizien erhalten, aus denen sich ein zusammenhängendes Bild der spirituellen Praktiken auf den britischen Inseln gewinnen ließe. Trotz der zahlreichen Stätten aus der Neueren Steinzeit und der Bronzezeit überall im Land gibt es aus dieser Periode nichts, aus dem sich ergeben würde, welche Götter verehrt und welche Zeremonien vollzogen wurden. Mit der Verbreitung der eisenzeitlichen Kulturen über ganz Europa werden auch die Funde zahlreicher, aber erst mit der Ankunft der Römer im 1. Jahrhundert v. u. Z. zeichnet sich ein klareres Bild der Religionen dieser Lande ab. Da jedoch das Druidentum lange mit der Kultur der Kelten in Verbindung gebracht wurde, übersah man häufig die klassischen Quellen zugunsten mittelalterlicher irischer und walisischer Literatur, einige Druiden sogar zugunsten der Arbeiten von Gelehrten aus dem 18. und 19. Jahrhundert.

Aber das Druidentum basiert nicht unbedingt auf diesen Quellen. Als eine tief im Land verwurzelte Religion hat es sich aus den Bedürfnissen des Landes und der Menschen entwickelt, die von diesem Land abhängig waren. Dabei erfuhr es Veränderungen, Anpassungen und Nivellierungen genau wie unsere Umwelt auch.

Die frühesten Spuren

Die ersten Bilder reichen in eine Zeit zurück, als das britische Klima sich allmählich erwärmte, also zum Beginn des heute so genannten „Neolithikums“. Hier finden sich die ersten Indizien für eine religiöse Praxis. Die neolithischen Long Barrows (Hügelgräber), die mit Kammern versehenen Ganggräber, die bis ins Jahr 4400 v. u. Z. zurückdatieren, gelten heute als die ältesten von Menschen geschaffenen Monumente auf der Erde. Zwar sind in ganz Westeuropa immer noch Tausende dieser Gräber erhalten, sie unterscheiden sich jedoch so stark voneinander, dass jeder Versuch, ein gemeinsames Muster zu entdecken, scheitern muss. Die Energie dieser Gräber ist stark, dunkel und erdig, geboren aus einer Zeit, als nur wenig sicher, die Welt weit und die Natur wild und hungrig war. Jede Erkenntnis, die die Priester jener Zeit besaßen, von den Mysterien der Sterne, der Jahreszeiten und der Gezeiten, von den Wachstumsphasen, von den Wanderungen der wilden Herden, von Geburt und Tod, wurde hoch geachtet. Wer über dieses Wissen verfügte, so ungenau oder abergläubisch es auch sein mochte, wurde verehrt – und gefürchtet. Um 3200 v. u. Z. wurden die alten Long Barrows sorgfältig verschlossen – vielleicht um die Kraft der alten Ahnengeister darin zu versiegeln, vielleicht um ihnen Ruhe zuzusichern, vielleicht aus Angst – und kreisförmige Erdwälle und Gräben wurden darum gezogen. In Irland und im Nordwesten Britanniens wurden einige alte Long Barrows mit neuen Gräbern überbaut. So entstanden hoch entwickelte Ganggräber wie Newgrange, was darauf schließen lässt, dass sich die Haltung gegenüber der älteren Religion geändert hatte. Auf vielen dieser Wälle und Gräben wurden Kreise aus Holzpflöcken und später Steinen errichtet. Einige sind erhalten oder wurden rekonstruiert, zum Beispiel der riesige Ring von Avebury in Wiltshire. Die Priester dieser Menschen hatten deutlich andere Aufgaben als in früherer neolithischer Zeit. Das Klima war warm, und die Energie oder Atmosphäre dieser Stätten ist leichter und offener. Man nimmt an, dass die Zeit dieser Kreise um 1200 v.u.Z. zu Ende ging. Es scheint, als seien sie wegen einer Klimaverschlechterung verlassen worden. Plötzlich fielen die Temperaturen wieder, bis sie um 1000 v.u.Z. ihren Tiefpunkt erreichten. Es regnete – und wo das Wetter nicht mehr eindeutig vorhersagbar war, wurden auch solare, lunare oder stellare Anordnungen in einem Tempel oder Grab praktisch irrelevant. Die Spiritualität konzentrierte sich nun auf die neue elementare Kraft, die das Leben der Menschen bestimmte: das Wasser. Archäologische Funde fördern nun wahre Schätze an Metallarbeiten, Schmuck und Waffen zu Tage, die zu jener Zeit, als die Menschen die Geister des Wassers anriefen, Flüssen, Seen und Quellen geopfert wurden.

Nehmen Sie sich die Zeit, und besuchen Sie einen alten Long Barrow, Wasserlauf oder Steinkreis. Ist Ihnen eine Reise nicht möglich, begeben Sie sich in Ihrer Phantasie dorthin. Nehmen Sie aber auf jeden Fall eine Opfergabe für die Geister, für die Ahnen, ihre Götter und die Beschützer der Stätte mit. Achten Sie darauf, dass die Opfergabe rasch biologisch abbaubar oder für die dort lebenden Tiere essbar ist; im Idealfall sollte nach ein paar Tagen nichts mehr davon übrig sein.

Bevor Sie sich der Stätte nähern, setzen Sie sich ruhig hin und entspannen Sie sich. Werden Sie innerlich so ruhig, dass Sie zuhören können. Gehen Sie dann still und achtsam um die Stätte herum, bleiben Sie gelöst und hören Sie zu. Öffnen Sie Ihre Sinne für alle Eindrücke. Welche Aufgabe könnte dem Priester zugefallen sein, als diese Stätte errichtet oder zur Anbetung genutzt wurde? Welches waren die Bedürfnisse der Menschen? Welches die des Landes?

Bringen Sie, bevor Sie gehen, Ihre Opfergaben in Frieden und Dankbarkeit dar, und lösen Sie sich dann achtsam von der Stätte.

Wer waren die Kelten?

Oft heißt es, die Druiden seien die Priesterschaft der Kelten gewesen. Wenn das zutrifft, wo sind dann die Kelten in den wechselnden Farben und Klimaten dieser Inseln?

Der Begriff *Keltoi* wurde zum ersten Mal von griechischen Historikern verwendet, die damit im 5. Jahrhundert v. u. Z. einige Völker nördlich der Alpen beschrieben. An diese Schriften erinnerten sich Archäologen im letzten Jahrhundert, als sie Indizien für eine Stammeskultur im Österreich der frühen Eisenzeit entdeckten. Die Funde – Bronzeobjekte und Bilder auf Töpferwaren – vermitteln einen Eindruck vom Leben dieser Kultur mit Darstellungen von Musikern, Barden, Tänzern, Priestergestalten und Gottheiten.

Die Kultur breitete sich aus. In Britannien findet man erste Spuren ab Anfang des 6. Jahrhunderts v. u. Z., danach scheint sie langsam südwestlich zur iberischen Halbinsel, östlich bis zur Türkei und nördlich bis nach Schottland und Irland gezogen zu sein. Als Julius Cäsar 400 Jahre nach den Griechen von den *Celtae* sprach, bezeichnete er damit ein Volk in der Mitte und im Süden Frankreichs. So lässt sich nur schwer sagen, wer die Kelten waren. Die keltische Kultur ist schlicht die Kultur der eisenzeitlichen Menschen in Europa.

Die klassischen Quellen

In den Schriften römischer Krieger und Historiker finden sich die ersten Zeugnisse (wenn auch politisch voreingenommen) der uralten Religion. Sie zeichnen ein Bild der Druiden als gebildete Elite mit großem Einfluss in Politik und Recht, in Philosophie, Geschichte und Bildungswesen, in Medizin und Magie und als diejenigen, die religiöse Rituale vollzogen oder überwachten. Julius Cäsar schrieb im 1. Jahrhundert v. u. Z. als einer der Ersten über Druiden und gehörte zu den Wenigen, die einen Druiden persönlich kannten: den Stammesfürsten Divitiacus. In Cäsars Werk begegnen wir zum ersten Mal dem gallischen Wort „druid". Die Ursprünge dieses Wortes sind jedoch umstritten. Im Allgemeinen nimmt man an, dass die erste Silbe von dem Wort für „Eiche" kommt, das in vielen europäischen Sprachen *drui* ähnelt. Die zweite Silbe könnte vom indo-europäischen Wortstamm *wid* abgeleitet sein, was „Weisheit" bedeutet. Der Druide ist also, so wird vermutet, der Bewahrer der Weisheit der Eiche. Jede Kenntnis der alten Religionen kann immer nur bruchstückhaft sein, weil das Druidentum mündlich überliefert wurde. Druiden schrieben nie auch nur einen einzigen Aspekt ihrer Religion auf. Ein Grund dafür lag zweifellos darin, dass so die Gefahr der Entweihung und des Missbrauchs ihrer Lehren gemindert werden konnte.

Der Beitrag der Römer

Die Römer versuchten, die Druiden auszurotten, doch war es nicht ihre Religion, die den polytheistischen, heidnischen römischen Imperialisten bedrohlich erschien, sondern die politische Macht, die sie über ihre Stämme ausübten. Die Römer waren nicht als Siedler gekommen, sondern als Herrscher, und was in britischen Königreichen Wert hatte, natürliche wie menschliche Ressourcen, Handelsbeziehungen und Bildung, stand unter der Aufsicht der Druiden. Daher überrascht es nicht, dass hinter Aufständen gegen die Armeen der Eroberer oft Druiden standen.

Mit dem Einfall der Römer in Britannien, schwand der Einfluss der Druiden. Ihre frühere Rolle sollten sie nie wieder einnehmen können, auch wenn ihr Werk in Irland und den äußersten Regionen Schottlands, wohin die römischen Eroberungszüge nicht reichten, fortbestand.

Als Quellen, aus denen moderne Druiden Erkenntnisse über ihre spirituellen Ahnen gewinnen können, hinterließen die Römer jedoch nicht nur ihre Schriften, sondern auch Bilder und Inschriften über den Charakter der Götter – nicht nur derjenigen, die sie mitgebracht hatten, sondern auch der vor Ort verehrten Gottheiten. Durch diese Inschriften entdecken moderne Druiden die Namen etlicher älterer Götter.

Mittelalterliche Erzählungen

Als der Einfluss der Druiden zuerst unter der römischen Herrschaft und schließlich durch die Tyrannei des Christentums geschwunden war, lebte die Essenz des Glaubens am stärksten in Kunst und Handwerk der Barden fort. Die ersten schriftlichen Zeugnisse der druidischen Tradition aus nicht-klassischer Quelle datieren vom Ende des 6. Jahrhunderts an: Es ist die mittelalterliche Bardenliteratur aus Wales und Irland. Die Barden gehörten zur Kaste der Druiden und hatten die Aufgabe, die Identität des Stammes und die Stellung des Königs durch eine Genealogie zu festigen, die oft bis zu den Göttern zurückreichte. Die römischen Eroberer empfanden die Barden nicht als Bedrohung; sie lebten daher unbehelligt als Unterhalter und Märchenerzähler fort. So gaben sie nicht nur den Wissensschatz ihres Handwerks, sondern, geschickt verkleidet, auch einen großen Teil der Druidenweisheit weiter.

Im 6. Jahrhundert zogen die Sachsen, Angeln und Jüten auf der Suche nach besiedelbarem Land westwärts. Wer die Neuankömmlinge nicht tolerieren konnte oder wollte, den trieben sie westwärts vor sich her. Damit entstanden zwei Interessenlinien: die eine bei den Zuwanderern, die neugierig auf die Kultur waren, die durch ihre Gegenwart verwässert wurde, und die zweite bei den ansässigen Stämmen, denen es ein immer dringenderes Bedürfnis wurde, eben diese Kultur zu schützen. Prosa, Dichtung und Lieder aus dieser Zeit sind keine unverfälschte Wiedergabe der alten Bardensagen, sondern mit einem deutlichen, wenn auch wunderbar kreativen griechisch-römischen und christlichen Überzug versehen. Viele moderne Druiden erachten diese Erzählungen als wertvollste Quelle spiritueller Inspiration; für sie mindert die Vermischung der Kulturen den Wert keineswegs. Auch dies ist Ausdruck der Entwicklung einer Religion, die Kreativität und die Götter der gesamten Schöpfung ehrt. Die historischen Ursprünge des Druidentums sind daher nicht völlig klar. Und doch bietet die Tradition allen, die aus dem Blick zurück Inspiration schöpfen wollen, Tausende von Möglichkeiten, sich zu versenken und tief einzulassen.

Ein weites Spektrum

Im modernen Druidentum gibt es ein weites Spektrum an Glaubensinhalten und Möglichkeiten der praktischen Umsetzung. Neulingen mag es passieren, dass alle ihre Vorstellungen über das Druidentum in der Begegnung mit dem einen Druiden vollkommen über den Haufen geworfen und im Gespräch mit einem anderen aufs Innigste bestätigt werden. Und doch führt der Wunsch, ähnlich Denkende zu finden, mit

der ihm immanenten Möglichkeit spiritueller Nähe und der Vertrautheit durch gemeinsame Erlebnisse die Menschen zusammen.

Die Kraft des Keltischen

Zwar waren die keltischen Völker der Eisenzeit die erste Kultur auf britischem Boden, die ausreichend Spuren hinterließ, so dass wir uns ein Bild von ihrem Lebensalltag machen können, den direktesten Einfluss auf weite Teile des moderne Druidentums übten jedoch die mittelalterlichen irischen und walisischen Texte aus. Wollen wir diese Geschichten und Gedichte verstehen, müssen wir uns mit den Texten selbst befassen. Sie sind inzwischen in Übersetzungen erhältlich. Ein nützlicher Führer ist auch der Blick auf die Entwicklungsgeschichte der Tradition der Barden. Als Teil der Druidenkaste wurden die Barden von der Gemeinschaft getragen. Waren die Druiden jedoch als Richter, Priester und Magier die Inhaber der Macht, so kam den Barden eine ganz andere Rolle zu. Ihre Aufgabe war es, die Geschichte ihres Volkes und Landes auswendig zu kennen und sie dem König oder Häuptling des Stammes oder auch jedem anderen Zahlungswilligen vorzutragen. Der Barde war es, der den Menschen ihre Identität gab. Man nimmt allgemein an, dass Neulinge mit der Ausbildung zum Barden begannen, sodann die Stufe des Ovaten durchliefen, wobei Heilen und Divination hinzukamen, um schließlich Druide zu werden. Diese drei Gruppen sind auch in der modernen Tradition am weitesten verbreitet.

Als der Einfluss der Druiden durch die Unterdrückung schwand, hüllten sie einen Teil ihres alten Wissens in den Mantel des Bardentums und hielten es fest in den Erzählungen und Mythen der Menschen und ihres Landes. Manchem modernen Druiden sind diese Erzählungen eine Quelle profunder Führung und spiritueller Inspiration. In vieler Hinsicht wirken sie als das Band zwischen den Druiden des 21. Jahrhunderts und denen aus vorchristlicher Zeit. Das moderne Druidentum hat durchaus ein Element, das sich nach dieser keltischen Identität sehnt. Auf der Suche nach sich selbst, nach Zugehörigkeit und nach ihren Wurzeln wenden sich viele dem Keltischen zu, und zwar zum größten Teil über die mittelalterliche Literatur. Innere Stärke aus der persönlichen Verbundenheit mit einem uralten Erbe zu finden kann ein wichtiger Teil der Reise sein, bietet sie doch die Vertrautheit gemeinsamen Erlebens und eine als tief verwurzelt empfundene Gemeinschaft des Geistes.

Auch gibt es natürlich Menschen, für die diese Reise ein intellektuelles Abenteuer zur Entdeckung des authentischen Druidentums ist. Solche Druiden lehnen in der Mehrheit alle Werke ab, die jünger sind als die mittelalterlichen Texte, diese aber verwenden sie sehr spezifisch, extrahieren, was nützlich und relevant für unsere Zeit ist, und schaffen so ein modernes Druidentum auf einer Basis, die als historisch verbürgt gilt. Weit mehr Druiden betrachten die keltische Literatur jedoch als kreatives Werk, nicht als potentielle Quelle authentischer Beschreibungen, und bescheiden sich damit, dass das moderne Druidentum keine Rechtfertigung aus der Vergangenheit braucht, da es auf inneren Ebenen immer existiert und sich auf natürliche Weise bis zum heutigen Stand entwickelt hat.

So beschreiten moderne Druiden in unterschiedlicher Gangart einen Pfad, der sie zum Wesen der keltischen Menschen oder zur Verkörperung alles Keltischen führt: zu den keltischen Gottheiten. Nicht allen Druiden gelten keltische Götter als die obersten Gottheiten, doch das Keltische ist weithin als Schlüsselfaktor für die Entwicklung der britischen Länder und des druidischen Glaubens anerkannt.

Lesen Sie einige alte irische und walisische Sagen (Vorschläge siehe Seite 90). So bekommen Sie ein Gefühl für beide Kulturen, ihre Unterschiede und Gemeinsamkeiten. Wenn sich die Gelegenheit ergibt, hören Sie einem modernen Barden zu, der die Geschichten erzählt, vielleicht ganz traditionell mit Harfenbegleitung. Rühren sie eine wohl vertraute Saite in Ihrer Seele an? Ist Ihnen das Irische oder das Walisische näher?

Suchen Sie sich eine Geschichte aus, die Sie immer wieder lesen. Was sagt Ihnen diese Geschichte, was lehrt sie Sie? Wie? Erzählen Sie sie laut. Nehmen Sie die Geschichte mit an einen passenden Ort, einen Fluss vielleicht, einen Haselbaum, eine Quelle, und erzählen Sie sie dort noch einmal. Räumen Sie ihr einen Platz in Ihrem Gedächtnis ein. Wie fühlt es sich an, wenn die Geschichte nun in Ihrem Inneren ist?

Der christliche Blickwinkel

Ein nicht geringer Teil der Druiden versteht sich nicht in erster Linie als Heiden. Sie erklären, das Druidentum sei weder eine spirituelle noch eine religiöse Lehre, viele halten es für einen mystischen Weg, eine Weisheitsschule, die jede religiöse Überzeugung zulässt. Eine beträchtliche Anzahl dieser Druiden verbindet die druidische mit der christlichen Philosophie.

Für den christlichen Druiden sind die Erde und die gesamte Schöpfung Ausdruck der göttlichen Präsenz und deshalb zutiefst heilig. Zwar gibt es Christen, die dem zustimmen, ohne Druiden zu sein, andere hingegen sagen, das druidische Denken stärke und erweitere ihren Glauben deutlich. In einem Zeitalter, in dem das Umweltbewusstsein, die Bedeutung von Familie und Gemeinschaft, das Interesse an überlieferten Erzählungen und Bräuchen und an natürlicher Medizin stark wachsen, wird der Punkt, an dem sich Druidentum und Christentum überschneiden, deutlicher. Die größere heidnische und polytheistische druidische Gemeinschaft anerkennt und achtet diese christlichen Druiden (und alle, die das Druidentum mit anderen Religionen verbinden) als eine Gruppe, die eben einen anderen der zahlreichen Götter verehrt.

Angelsächsische und nordische Einflüsse

Für manche modernen Druiden haben die alte keltische Kultur und die mittelalterliche Literatur nicht den geringsten Einfluss auf ihren Glauben. Statt auf die Kelten als Ursprung ihres Druidentums zurückzugreifen, bekennen sie sich zu den späteren angelsächsischen Siedlern, studieren ihre germanische Sprache, ihre Gottheiten und ihre Mythen. Der Gedankengang ist folgender: Wenn die Druiden die Priester des keltischen Volkes waren, dann waren die Sachsen schlicht eine spätere Variante der Kelten. Auch die Sachsen, die ab dem 5. Jahrhundert in Britannien eindrangen, waren Heiden, während die keltischen Könige christianisiert worden waren, ein weiterer Grund für Christen, innerhalb ihres Glaubens diesen Weg einzuschlagen. Der angelsächsische Einfluss war nicht der einzige, der sich im Mittelalter in diesen Ländern ausbreitete. Auch die nordischen Religionen der Dänen, der Wikinger, wirkten prägend, und obwohl die meisten, die nordische Götter verehren, dies in der Form des isländischen Asatru oder Odinismus tun, gibt es auch Druiden, deren wichtigste Inspiration aus dieser Richtung kommt.

Die romantische Renaissance

Ein breiter Zweig des modernen Druidentums ist durch die Druiden-Renaissance des 18. Jahrhunderts beeinflusst. Seit dem 16. Jahrhundert entwickelte sich ein wachsendes Interesse am klassischen Altertum. Mit Beginn des 18. Jahrhunderts nährte man romantische Idealvorstellungen von unseren alten Wurzeln, ausgeschmückt durch Kunst, Poesie und Musik. Es regte sich ein neuer keltischer Geist, und die Begeisterung für alte Geschichte wuchs. Auch wurde mittelalterliche Literatur breiteren Kreisen zugänglich und erwies sich insbesondere für einen gewissen Edward Williams (Iolo Morgannwg) als Quelle der Inspiration. Er trug zusammen, was er über die alte Tradition finden konnte, und fügte auch gefälschte Dokumente ein. 1792 organisierte Morgannwg das erste Gorsedd (Versammlung) der Barden der Britischen Inseln. Viele der von ihm entworfenen Rituale werden auch heute noch vollzogen.

Mythische Helden

Für manche innerhalb der Tradition ist Geschichte eine verwirrende Mischung aus Fakten und Ansichten, die man am besten ignoriert. Besser wendet man sich den Erzählungen zu, worin viel eher die wahre Kraft des Landes und der menschlichen Seele zu finden ist. Auf der Suche nach diesen Erzählungen gehen die einen bis zur keltischen Vergangenheit zurück, den anderen sind Spannung und Tiefe der Artussage näher. In etwas geringerem Maß erfüllen auch die übrigen Erzählungen des britischen Kulturkreises, Robin Hood etwa, innerhalb des Druidentums eine ähnliche Funktion wie die Artussage. In diesen Erzählungen finden wir alle Aspekte des menschlichen Wesens, und der Druide, der sich in die inneren Welten begibt, wo die Geschichten in tausend Farben und Tönen nachgespielt werden, kann mit Figuren, Landschaft und Gefühlen verschmelzen und so die Suche seiner eigenen Seele gemäß nacherleben. Die Geschichten und unsere individuelle Psychoanalyse, mit der wir an sie herangehen, vermitteln uns nicht nur ein besseres Selbstverständnis, sie zeigen dem Druiden auch Archetypen der Stärke, des Ruhms, der Erlösung, der Integrität, des Stolzes, der Hingabe, der Liebe und viele mehr. Sie sind Ausdruck einer tief empfundenen Liebe zum Land und zu den Menschen.

Die Umweltbewegung

Auch die im Umweltschutz engagierten Mitglieder der Tradition sind gemischt, sie sind Straßenblockierer oder Organisatoren einer Gruppe zur Schulung des Umweltbewusstseins oder Menschen, die an Gesetzgebungsverfahren zu Umweltschutz und Entwicklung beteiligt sind. Die einen konzentrieren sich auf lokale, andere auf globale Perspektiven. Die einen fühlen sich bei einer Protestdemonstration am richtigen Ort, andere beim rituellen Tanz innerhalb ihres heiligen Kreises. Wo immer ein Druide aktiv ist, stets bestimmen die zentralen Grundsätze seines Glaubens sein Handeln: Wir sind alle Geist, gleich und untereinander verbunden.

Und in allem ist Awen

Der einzige Druide, der noch nicht Erwähnung fand, ist der geborene Druide, der behauptet, einer Verwandtschaftslinie zu entstammen, in der die alte Weisheit nie verloren ging. Ob diese Linien vierzig oder vier Generationen zurückreichen, lässt sich meist nicht mehr zweifelsfrei feststellen. Bereits der Versuch wäre eine Respektlosigkeit. Es gibt innerhalb des Druidentums keine sicheren Erkennungsmerkmale dafür, ob jemand echt, ausgebildet und wahrhaftig ist. Nur wenige Schulen oder Lehrer stellen Mitgliedsurkunden, Abschlusszertifikate oder gar geprüfte Stammbäume aus, und zwar aus dem einfachen Grund, weil sie ohnehin kaum etwas bedeuten. Druide zu werden ist eine lebenslange Aufgabe. Manche sagen sogar, Druide zu sein sei ein kontinuierlicher Prozess der Annäherung an die Archetypen der Stärke, Weisheit, Klarheit, Unverwundbarkeit und wohlwollenden Humanität, verbunden mit einer sich vom äußersten Rand her vortastenden Erkenntnis der Natur. Auf der Suche nach Inspiration recken wir uns mit der Seele der Essenz des Lebens entgegen, dem Leben spendenden Geist, den Göttern, die uns Kraft geben. Vielleicht kann man einen Druiden, abgesehen von seiner Verehrung für die Erde und die Ahnen, tatsächlich nur am Ausdruck seines *Awen* messen.

Der Heilige Kreis

Eine Vorstellung davon vermitteln zu wollen, was Druiden tun, ist ein tückisches Unterfangen. Wie könnte ich auf diesen wenigen Seiten jede Variante zutreffend beschreiben? Als Führerin kann ich stets nur einen Weg beschreiten, dabei aber während des Gehens auf andere Wege hinweisen, die ich erkenne. Der Weg, den ich einschlage, ist der am meisten begangene, der meiner eigenen druidischen Praxis.

Heilen und Verbundenheit

Betrachtet man die Gründe, warum Menschen sich der druidischen Tradition anschließen, so kristallisieren sich zwei Motive heraus. Das erste ist Heilen, das zweite Verbundenheit. Die Möglichkeiten der Heilung sind innerhalb des Druidentums tief und kraftvoll. Die Tradition bietet ein außergewöhnliches Maß an innerer Stabilität; sie lindert körperliche Leiden und geistig-emotionale Labilität, weil sie ein tieferes Verständnis von Frieden und Selbstsicherheit vermittelt. Die druidische Perspektive konzentriert sich nicht auf das Bedürfnis nach spiritueller Transzendenz, sondern führt zur Suche nach dem Geist, der Energie innerhalb des Physischen. Unser Bestreben ist es, den Punkt des Gleichgewichts zu finden, nicht unbedingt, um dort zu verweilen, sondern um damit die Fähigkeit entwickeln zu können, uns nach einem Abenteuer außerhalb unserer Mitte wieder zu stabilisieren.

Als eine Reise zur Selbstentdeckung bietet uns das Druidentum Instrumente zum Verständnis unseres Wesens und der ihm zugrunde liegenden Glaubenssätze. Während wir unsere Haltung gegenüber der Welt um uns ändern und ihre spirituelle Essenz und Schönheit erkennen lernen, entdecken wir zugleich die Stärke und Schönheit in uns.

Heilige Zeit, Heiliger Ort

Viele beginnen ihren Weg mit dem Errichten eines Altars. Einen Ort innerhalb des Hauses oder Zimmers für heilig zu erklären und sich zu verpflichten, in einem Leben voller Hektik und äußerer Ablenkung hier regelmäßig Zeit zu verbringen, festigt unsere Hingabe an den Weg.

Wie der Altar eingerichtet und gepflegt wird, ist wichtiger Bestandteil des Druidentums. Er muss nicht groß sein, doch groß genug für ein oder zwei Kerzen und all die anderen Kleinigkeiten. Er kann sogar im Garten oder an einer abgeschiedenen Stelle in der freien Natur sein. Legen Sie zu den Kerzen Opfergaben, die für Sie Symbole der Schönheit und Kraft in Ihrem Leben sind, alles, wofür Sie der Natur und den Ahnen danken möchten. Der Altar muss nicht mit einem Mal fertig sein: Er darf sich entwickeln, und schöne Objekte dürfen sich nach und nach präsentieren. Das können Steine, Muscheln, Federn, Zapfen, Fotos von Ihrer Familie, ein Wasserkelch oder eine Schale mit Erde sein. Der Altar sollte täglich gepflegt werden. Bringen Sie Blumen, Blätter oder frisches Obst zum Altar, einen Brotkanten, ein wenig von Ihrem Mittagsmahl. Entzünden Sie die Kerzen, und verweilen Sie eine Zeit lang still davor. Wenn Sie möchten, meditieren Sie, wichtig aber ist, dass Sie sich aus dem täglichen Getriebe lösen und zur Ruhe kommen sollten.

Wasser sollte täglich erneuert und frische Blumen oder Nahrungsmittel ersetzt werden, sobald es notwendig ist (kompostieren Sie diese Reste oder überlassen Sie sie an einem abgeschiedenen Ort in der freien Natur den Tieren).

Untern all den vom Meer glatt polierten Kieseln am Strand ist der, den wir für unseren Altar ausgesucht haben, nicht mehr gesegnet, nicht mehr ein Ausdruck der göttlichen Schöpfung als die anderen. Wenn wir ihn aber aufheben, seine Glätte spüren und seine Schönheit entdecken, ist das ein Akt der Verehrung, gleich ob er für uns von einem Gott, einer natürlichen Kraft oder einem Energiengewirr aus den Händen von tausend Göttern und Geistern geschaffen wurde. Unsere Gabe an diese Schöpfungskraft ist der Augenblick der Ehrfurcht, der uns durchströmt, wenn wir unsere Sinne dem Wunder der Natur öffnen. Unser Altar ist Ausdruck dieses Wunders. Einen Altar zu errichten

und damit zu arbeiten ist der Beginn unserer Hinwendung zum wichtigsten Grundsatz innerhalb des Druidentums: Alles ist heilig.

Der Altar konzentriert unsere spirituelle Suche auf die Welt der Natur, aber nicht ohne zugleich das menschliche Element anzuerkennen. Die Druidin, die den Steinen und Bäumen zuhört, lauscht auch dem Summen in der Luft, dem Schimmer des Lichts und dem Atem, der die Geschichten und Erinnerungen derer in sich trägt, die zuvor über dieses Land gegangen sind. In dem Wissen, dass die Seele zwischen den Leben Bewusstsein hat und Zeit, Ort und Umstände ihrer Geburt selbst wählt, ehren die Druiden ihre Eltern als Seelen, mit denen sie freiwillig arbeiten wollten, um zu lernen und zu wachsen. Unsere Kinder wiederum haben uns gewählt. Wenn es in der Beziehung schwierig wird, kann der Altar uns an die Geschenke erinnern, die wir daraus erhalten haben, an die Möglichkeit zu lernen. Eine Kerze für unsere Ahnen zu entzünden, ist ein wirksames Instrument der Heilung.

Die animistische Sicht, nach der alle Aspekte der geschaffenen Welt beseelt sind, bedeutet nicht für alle Druiden, dass jeder Stein seinen Gnom und jeder Baum seine Dryade hat. Das wichtige Element dabei ist, dass alles miteinander verbunden ist. Jeder Gedanke und jede Tat sendet Energieströme in die Welt um uns, die die gesamte Schöpfung berühren. Die Welt als ein Netz innerer Verbundenheit wahrzunehmen hilft, Gefühle des Getrenntseins zu überwinden.

Druidenrituale

Der heilige Ort des Altars und die Zeit, die wir auf seine Pflege verwenden, erfahren ihre Erweiterung in den Ritualen.

Rituale, das Ausdrücken eines Gebets durch physische Aktion, sind wichtig. Informelle Rituale sind Teil unseres täglichen Lebens, wir ehren in Dankbarkeit und Ehrfurcht die Schönheit der Natur, verneigen uns mit Achtung vor dem aufgehenden Mond, heißen die Sonne und die Sterne willkommen, grüßen die Bäume, danken für Nahrung und Wasser und segnen Seelen im Leid. Die Augenblicke sind zahlreich, das Verhalten eine natürliche Reaktion, oft jedoch auf eine bestimmte Weise vollzogen, die uns einmal gelehrt wurde. Sind Dritte zugegen, veranschaulicht das Ritual die Handlungen, auch wenn dabei nicht gesprochen wird, wichtiger aber noch: Es versetzt den Körper, durch den Energie fließen muss, in Bewegung, und durch diese Bewegung nimmt das Unbewusste eine Veränderung wahr. Die Fähigkeit, ein Ritual etwas formeller zu vollziehen, ist wichtiger Bestandteil der Ausbildung zum Druiden. Im Rahmen einer Zeremonie sind Geist und Energie konzentriert und daher stärker. Es wird ein Tanz aus Worten und Bewegungen vollzogen, der die Gottheiten erfreut, in der geistigen Welt Neugier weckt und Gelegenheit zu jeder erforderlichen Transformation oder Regeneration bietet.

Der Friedensruf

Vor jedem formellen Ritual erfolgt der Friedensruf. Die Druidin wendet sich an die vier Himmelsrichtungen und, wenn sie nicht allein ist, auch an die Versammlung und schafft Frieden. Auf die Frage nach dem Warum gibt es mindestens ein halbes Dutzend Antworten, historische, traditionelle, romantische und psychologische. Wenn wir den Norden, den Süden, den Osten und den Westen anrufen:
„Es möge Frieden sein!“, so ist das eine Aufforderung an unsere eigene Fähigkeit, die Welt um uns mit wacherem Bewusstsein wahrzunehmen und die Schönheit des Friedens darin zu ergießen. Der Friedensruf erinnert daran, beim Eintritt in den heiligen Raum des Kreises die Konflikte und Krisen aus unserem Alltag loszulassen. Der Friedensruf ist daher die erste und allumfassende Intention jedes druidischen Rituals.

Den Kreis ziehen

Ein formelles Ritual findet meist innerhalb eines Kreises statt, der gezogen und geweiht wird. Das ist der Tempel des Druiden. Der Kreis wird auf dem Boden oder in der Luft gezogen, die Decke bilden der Himmel, die Wolken oder das Blätterdach der Bäume. Oft werden die Kreise immer wieder am selben Ort gezogen. Die am häufigsten aufgesuchten Kreise werden mit Bäumen oder Steinen gekennzeichnet. Viele Druiden aber ziehen ihren Kreis und vollziehen ihr Ritual, und wenn der Kreis wieder geöffnet wird, bleibt keine Spur zurück außer einem feinen Glanz durch die Energie der Zeremonie. Aber der Kreis ist mehr als nur eine markierte Stelle, in der gearbeitet wird.

Begeben Sie sich an einen Ort, an dem Sie ungestört sind und so viel Platz haben, dass Sie sich ausstrecken können. Atmen Sie ein paar Mal tief durch, entspannen Sie sich und kommen Sie ins natürliche Gleichgewicht. Konzentrieren Sie sich dann sacht auf das Zentrum dieses Gleichgewichts. Erspüren Sie nach und nach mit Ihrem Atem die Ausdehnung Ihres persönlichen Raums. Manche nennen dies den „Emotionalkörper", eine Schicht der Aura, den Bereich um Sie herum, in den Sie Fremde nicht gern eindringen lassen. Das ist Ihre Sicherheitszone. Ziehen Sie erst in Gedanken, dann mit ausgestrecktem Finger eine Linie um den Rand. Erweitern Sie diesen Kreis im Rhythmus Ihres Atems, dehnen Sie ihn in alle Richtungen aus. Mag sein, dass es Ihnen leicht fällt, mag aber auch sein, dass Sie etwas Zeit brauchen, bis Sie den richtigen „Muskel" finden. Gehen Sie nicht weiter hinaus, als Ihnen angenehm ist, und kehren Sie oft zum zentralen Punkt Ihres inneren Gleichgewichts zurück, sagen Sie sich dabei stets, dass der Kreis Ihre Sicherheitszone ist. Wenn Sie dazu bereit sind, atmen Sie den Kreis wieder zu seiner ursprünglichen Größe zurück.

Ein gemeinsamer Kreis ist auch ein Ort absoluten Vertrauens, das auf der Harmonie aller anwesenden Seelen basiert. Sind Menschen im Kreis, die einander nicht kennen, so ist es die Aufgabe des Druiden, der das Ritual führt, dafür zu sorgen, dass sich ein Gefühl des Vertrauens einstellt. Das Ziehen des Kreises ist wichtiger Bestandteil dieser Aufgabe. Das Ziehen kann auf unterschiedliche Weise erfolgen, je nach Realitätsverständnis des Druiden. Der Druide zieht den Rand des Kreises, indem er ihn mit seinem ausgestreckten Finger, Stab, Schwert oder heiligen Messer im Sonnensinn (Uhrzeigersinn) abschreitet und Farbe oder Licht projiziert, meist weiß, silber, gold oder blau. Aus eher schamanischer Sicht betrachtet er die Fäden des Netzes der Verbundenheit und durchtrennt sie beim Ziehen des Kreises, um sie nach Abschluss des Rituals wieder zu knüpfen. In jedem Fall ist der gezogene Kreis von der Außenwelt abgeschnitten, eine Luftblase, die außerhalb von Zeit und Raum existiert, ein vollkommenes Sanktuarium. Innerhalb des Kreises gibt es weder Ablenkung noch Bedrohung durch die Außenwelt.

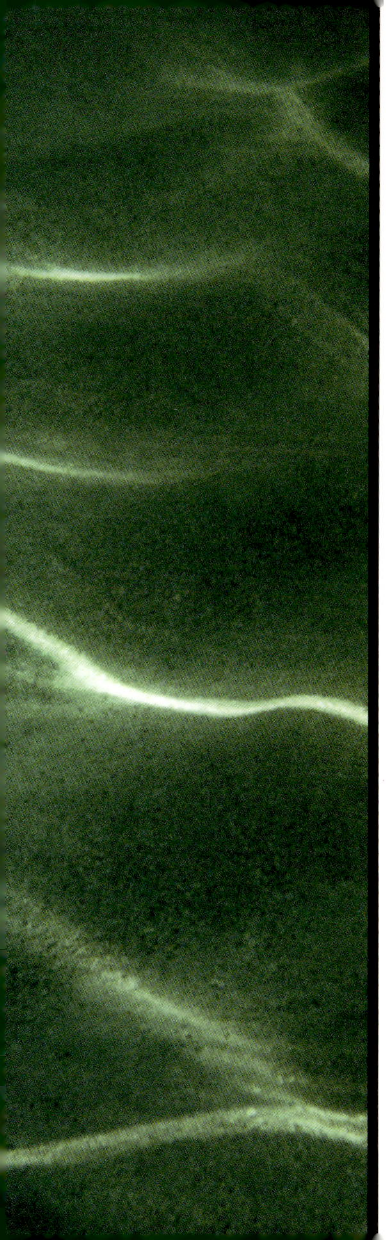

Die Weihe

Der Tempel des heiligen Kreises wird in der Regel geweiht, und zwar mit Räucherwerk und Wasser als den Symbolen der vier Elemente, mit denen der Druide arbeitet. Im Räucherwerk mit seinen getrockneten Beeren, Harzen, Rinden und Ölen ist *Erde*. Das Verbrennen ist Ausdruck des *Feuers*, das Wolken wunderbaren Rauchs in die *Luft* aufsteigen lässt, die wiederum der Wind und die Teilnehmer im Kreis einatmen. Das *Wasser* stammt häufig aus einer heiligen Quelle, immer aber ist es frisch. Zuweilen sind Kräuter oder Blütenblätter im Kelch und geben ihren Duft an das Wasser ab.

Bei der Weihe des Kreises bittet die Druidin ihre Götter, die Elementargeister, die Devas der Erde, Räuchergefäß und Wasserkelch zu segnen. Wenn sie dann langsam im Sonnensinn schreitet, den Rauch aufwirbeln lässt und mit den Fingerspitzen Wasser versprenkelt, wandeln sich die Energien. Jetzt kommt das fünfte Element ins Spiel, der *Geist*.

Die Luftblase bewahren

Die Arbeit in einem Kreis, der völlig losgelöst ist von der Außenwelt, kann manchmal nützlich sein, ist aber nicht der übliche Weg im Druidentum. Eine frei schwebende Luftblase transzendiert die manifeste Welt, und nur nach vielen Leben disziplinierten Übens gelingt es dem menschlichen Geist, solch einen Tempel zu vervollkommnen.

Im Druidentum bringen wir unsere Erinnerungen und Erwartungen mit in den Tempel und erhalten die Luftblase durch unsere Verehrung für die Welt, in der wir leben. Der Druide beginnt mit der Ehrung der vier Himmelsrichtungen. Schon allein durch den Blick in die vier geographischen Himmelsrichtungen – Norden, Süden, Osten und Westen – schaffen wir in Gedanken unsere Welt.

Nehmen Sie Papier und Stift zur Hand, und zeichnen Sie die Himmelsrichtungen auf. Nehmen Sie dazu, wenn nötig, die Sonne oder einen Kompass zu Hilfe. Stehen Sie ein paar Minuten lang mit dem Gesicht nach Osten, und notieren Sie, welcher Teil der Erde vor Ihnen liegt, welche Länder, welche Gewässer, welche Bergzüge, welche Flora, Fauna, welche Kulturen. Begeben Sie sich im Geiste dorthin. Was riechen Sie? Was spüren Sie? Schreiben Sie Ihre Wahrnehmungen auf, und tun Sie dann dasselbe mit der nächsten Himmelsrichtung.

Es gibt hier keine definierten Übereinstimmungen, denn jeder nimmt die Welt anders wahr. Die Anrufung der Himmelsrichtungen ist ein Spiegel unserer sehr persönlichen Sicht. Sie ist nicht Ausdruck einer Bitte um Anwesenheit oder Schutz, sondern eine Begrüßung, eine Einladung.

In Britannien arbeitet man an denselben Stellen im Kreis meist auch mit den vier Elementen: Erde im Norden, Luft im Osten, Feuer im Süden und Wasser im Westen. Die Anrufungen spiegeln oft diese Aspekte unserer Welt. So kann eine Anrufung des Ostens zum Beispiel lauten:

> Ihr Geister der wilden Winde und alle, die Ihr frei auf ihrem Atem fliegt, ich rufe Euch! Ihr Gefiederten, heiliger Falke, der hoch in der Bergluft fliegt! Verehrte Bäume, die Ihr uns jeden Atemzug des Lebens schenkt! Wir bitten Euch, segnet diesen Ritus im Namen der Alten Götter.

Nach der Ehrung der Himmelsrichtungen erweisen viele Druiden im Kreis den Naturgeistern durch Opfergaben besondere Achtung. Mit Gaben in Gestalt von Musik, Gesang, Tanz und Trommeln, von Wein oder Met oder durch das Entzünden einer Kerze können die Ahnen angerufen werden, die Lehrer und Führer, die als Geistwesen leben. Sodann rufen die Druiden ihre Götter in den Tempel. Das Druidentum funktioniert als eine zutiefst geerdete Religion. Die Verehrung der natürlichen Welt gestattet Verstand und Seele im Bewusstsein ihrer Herkunft die Reise in die Welt des Geistes. Der Kreis, gelöst von allem Weltlichen, doch voller Achtung für die Erde, ermöglicht allen in seiner Mitte, ihre Kraft zu entdecken und sich ihrer bewusst zu werden, ihre Mitte zu finden und die Wahrnehmung ihrer selbst, ihrer Kreativität, ihrer Blockaden und ihrer Verletzlichkeiten zu vertiefen. Fest verwurzelt und gesegnet kann der Geist, der von diesem heiligen sicheren Ort aus auf der Suche nach der Göttlichen Inspiration, dem Körper und Seele durchströmenden *Awen*, nach der Essenz des Lebens greift, sich frei bewegen. Ist das Ritual abgeschlossen, die Anbetung beendet und Dank gesagt, wird alle im Kreis vorhandene Energie durch ein Gebet dem Zweck des Rituals (oder einem anderen Ziel) entsprechend ausgerichtet, häufig mit folgenden Worten: „Möge die Welt erfüllt sein von Liebe, Frieden und Harmonie.“ Wird der Kreis geöffnet, fließt die Energie der Intention des Gebets entsprechend.

Innerer und äußerer Hain

Wie den heiligen Tempel im Wald, entdeckt, wer in der druidischen Tradition lebt, auch einen zweiten Hain in den inneren Welten des Geistes. Manche halten ihn für reine Imagination, andere hingegen versichern, er habe eine eigenständige Existenz auf einer anderen Realitätsebene. Wie dem auch sei, die Zeit, die wir in diesem Hain verbringen, ist wichtiger Bestandteil der druidischen Arbeit.

Wenn wir davon ausgehen, dass dies alles nur in der Psyche geschieht, so fördern wir mit dem tiefen Eintauchen in unsere Imagination, um dort einen inneren Tempelhain zu entdecken oder zu schaffen, unsere geistigen Kräfte und erweitern unser Visualisationsvermögen. Für Kreativität und Heilen, ja für viele magische Aufgaben, sind dies entscheidende Fähigkeiten. Wie der heilige Kreis ist der Hain das vollkommene Sanktuarium. Mit dem inneren Hain finden wir in tiefster Seele einen Ort steter Ruhe und Kraft. Der Kontakt zu den Göttern und Geistern, den Ahnen und Lehrern fällt den meisten auf dieser Ebene beträchtlich leichter. Glauben wir, dass der innere Hain auf einer anderen Realitätsebene existiert, so erweitert jeder Augenblick, den wir in dieser Anderswelt verbringen, unser Wissen und unsere Fähigkeit, uns auf verschiedenen Bewusstseinsebenen zu bewegen und im Geist zwischen den Realitäten hin- und herzugleiten. Die meisten, die sich mit dem Druidentum beschäftigen, suchen sich auch einen äußeren Hain. Ob sie sich nun täglich in der Dämmerung, einmal im Mondzyklus oder zwei Mal jährlich dorthin begeben, der Aufenthalt in den Armen der Natur, unter den Bäumen und im heiligen Kreis ist ein Fest für die Seele.

Bäume spielen in der druidischen Tradition seit jeher eine wichtige Rolle. Wenn wir uns in eine Zeit zurückversetzen, in der es noch große, uralte Bäume gab und nichts Größeres als die Berge, als nur Holz Wärme und Schutz bot, dann verstehen wir die Achtung, die unsere Ahnen den Bäumen entgegenbrachten.

Suchen Sie sich einen Baum, in dessen Nähe Sie sich wohl fühlen, am besten an einer abgeschiedenen Stelle, an der Sie nicht gestört werden. Denken Sie daran, Opfergaben mitzunehmen. Gehen Sie auf den Baum zu, und bleiben Sie am Rande seines Blätterdachs stehen, zentrieren Sie sich und spüren Sie wieder den Umkreis Ihrer Aura. Erbitten Sie zuerst die Erlaubnis der Dryade, bevor Sie in den Kreis des Baums eintreten. Sobald Sie das Gefühl haben, Ihre Anwesenheit sei willkommen, gehen Sie langsam hinein und spüren dabei, wie Ihre Energie und die des Baumes sich verflechten, um den Stamm kreisen, sich in Spiralen daran empor winden, bis Sie eine Stelle am Stamm finden, an der Sie bleiben können. Entspannen Sie sich.

Fragen Sie dann die Dryade, ob es Ihnen erlaubt ist, sie wahrzunehmen. Wenn Sie spüren, dass die Antwort Ja ist, bringen Sie sich ins innere Gleichge-

wicht. Spüren Sie noch einmal Ihren eigenen Kreis, der jetzt mit dem Baumgeist verflochten ist, lehnen sich an den Baum und schließen die Augen. Lassen Sie Ihr Bewusstsein den Körper herab in Ihre Füße gleiten. Spüren Sie die Energie der Erde, die Sie genauso hält wie den Baum. Gleiten Sie weiter in die Erde hinein, bis Sie die Wurzeln spüren können, die sich im dunklen Boden ausbreiten, Feuchtigkeit trinken, Steine festhalten und kleinen Wesen Schutz bieten. Spüren Sie, wie die Energie dieser Nahrung Ihren Geist belebt. Sobald Sie sich erfüllt fühlen, lassen Sie Ihr Bewusstsein wieder im Körper aufsteigen, durch die Stärke Ihres Stammes bis in Ihre Arme, die sich nun wie Äste in die Luft, hoch in den Himmel, zum Licht strecken und ihre Blattknospen öffnen. Lassen Sie danach Ihren Geist in die Körpermitte gleiten. Spüren Sie dort das Gleichgewicht zwischen Erde und Himmel, zwischen Sonnenlicht und dunkler Erde, spüren Sie Ihre festen Wurzeln, erfreuen Sie sich Ihrer Äste und danken Sie.

Kehren Sie nun wieder zu Ihrem normalen Bewusstsein zurück, schenken Sie dem Baumgeist Ihre Opfergaben und Ihren Dank. Wenn Sie gehen, lösen Sie sich mit jedem Schritt bewusst von seiner Energie. Spüren Sie Ihren eigenen heiligen Kreis, Ihre Kraft und Verbundenheit.

Ogham

Ogham ist ein heiliges Alphabet und im modernen Druidentum weit verbreitet; hier entspricht jeder der 25 Buchstaben einem Baum oder einer Pflanze. Es stammt aus dem Süden Irlands und datiert, behaupten manche, aus dem Jahr 600 v. u. Z.; die Indizien für seine Existenz reichen aber lediglich bis ins 2. Jahrhundert unserer Zeitrechnung zurück.

Was die 25 Bäume und Pflanzen exakt sind, ist heftig umstritten. Einig ist man sich aber darin, dass jeder Buchstabe nicht nur einen Baum oder eine Pflanze bezeichnet, sondern für eine ganze Reihe weiterer Assoziationen steht. Dazu gehören Anspielungen auf Jahreszeiten, Farben, Klänge, Landschaften, Kräuter, Vögel, Insekten und andere Tiere, Heilmittel und Gifte.

Viele Druiden empfinden Ogham als initiatorisches Mysterium, das ihren Ahnen die Möglichkeit gab, sich untereinander zu verständigen, ohne von Nichteingeweihten verstanden zu werden. Wegen seiner Vielschichtigkeit verwenden viele moderne Druiden das Ogham-Alphabet zur Divination, denn jeder Buchstabe öffnet Wege in andere Welten. Wie bei den Runen ist auch die Gestalt dieser Buchstaben in einer Landschaft, in einem Baum oder einer Pflanze wiederzuerkennen, was als Botschaft oder Omen gedeutet werden kann.

Drogen und Medizin

Die Anwendung von Kräutern und Bäumen zur Heilung, zur Veränderung von Bewusstseinszuständen und Energieniveaus ist im modernen Druidentum weit verbreitet. Eine beachtliche Anzahl von Mitgliedern praktiziert als geprüfte Heilpraktiker die Kräuterheilkunde. Aus der Haltung heraus, dass jede Pflanze und jeder Baum seinen Deva oder seine Dryade hat, wendet sich die Führung, Veränderung oder Heilung suchende Seele in erster Linie an den Geist und kommuniziert auf dieser Ebene, bevor Pflanzen- oder Baumteile physisch angewandt oder eingenommen werden. Die Verwendung illegaler Drogen wird im modernen Druidentum nicht unterstützt.

Der Magische Kreis

Wenn Druiden zusammenkommen, nennt man die Gruppe einen Hain, gleich ob sie sich im Wald oder in städtischer Umgebung treffen. Der Hain ist ein Kreis von Seelen, die als Individuen geachtet werden, doch in der Erde eine gemeinsame Quelle haben und Wachstum und Verwirklichung verfolgen.

Veränderung

Veränderung kann eine Belastung sein, egal ob sie Teil des natürlichen Wachstums- und Verfallsprozesses ist oder ob wir bewusst durch unsere Kreativität, unsere Suche nach Heilung, Erkenntnis und Loslassen darauf hingearbeitet haben. Hier bietet das Druidentum durch seine Fokussierung auf die Welt der Natur mit ihren sich ständig und unweigerlich verändernden Zyklen, ein Instrument, dank dem wir nicht nur besser mit Veränderungen umgehen, sondern sogar daran wachsen können.

Der heilige Kreis des Druiden wird, wie wir gesehen haben, in den Farben seiner Welt gemalt, von seiner unmittelbaren Umgebung über die globale Geographie bis zum Universum. Und obwohl sie sich ständig verändert, erscheint diese Welt doch recht beständig: Bäume und Berge, Meere, Völker und Klimate. Sie geben uns Halt, werden Teil unserer Wahrnehmung und unseres Verständnisses der Welt und dessen, wie wir in dieser Welt ein Sanktuarium schaffen können, geweiht allem, was uns zu dem gemacht hat, was wir sind...

In den Kreis werden dann jene Elemente des Lebens eingefügt, die sich ständig wandeln, alles, was uns anregt und anleitet, uns zu verändern. So wird der druidische Tempel ein Sanktuarium, in dem die Veränderung an sich gesegnet und sicher aufgehoben ist.

Zyklen der Zeit

Unsere Ahnen blickten mit Ehrfurcht zum Himmel, verfolgten den Weg der Sonne, beobachteten, wie sie sich im Laufe des Jahres verändert und lernten, mit den Folgen, die sich daraus für die Umwelt ergeben, zu arbeiten. Auch die Druidin verfolgt den Weg der Sonne und die dadurch bedingten Jareszeiten mit Ehrfurcht.

Unsere Wahrnehmung dieser Zyklen fließt in den heiligen Kreis mit ein. Sie malen ihre wechselnden Farben auf die Landschaft, die bereits vorhanden ist. So ehren wir zum Beispiel im Norden unseres Kreises die Nacht und alles, was uns „Nacht" bedeutet. Im Norden finden wir auch den Winter mit seiner Kälte und Dunkelheit. Die Jahreszeiten kommen nicht nur in den Bäumen, den Pflanzen, in der Körperlichkeit des Lebens zum Ausdruck, sondern beeinflussen gleichermaßen unsere menschliche Psyche. Im Druidentum gilt, dass wir gesünder sein können, je mehr wir den Winken der Natur Folge leisten und uns den Veränderungen in unserem Innern öffnen. Den Fluss der Veränderung zu ignorieren bedeutet Stress und legt uns Scheuklappen an, die uns Klarsicht und Stärke rauben. Über das Bedürfnis nach persönlichem Wohlbefinden hinaus entdecken wir durch das Einstimmen auf die Zyklen jedes Tages und jeder Jahreszeit Wege zu tieferer Erkenntnis.

Ziehen Sie an einem Ort, an dem Sie ungestört sind, einen Kreis im Boden, physisch sichtbar oder in der Phantasie. Stehen Sie in der Mitte, und atmen Sie regelmäßig und tief, bis Sie entspannt sind, dehnen Sie dann Ihre Aura aus, bis sie den Kreis ausfüllt. Spüren Sie die Kraft Ihrer Aura und Ihren Geist, der ganz in seiner Mitte ruht, und schreiten Sie den Rand Ihres Kreises ab, bis Sie das Gefühl haben, er sei sicher und fest. Stehen Sie wieder in der Kreismitte, und schauen Sie sich um. Nehmen Sie Norden, Süden, Osten und Westen bewusst wahr; verbinden Sie Himmelsrichtung und Element. Fügen Sie sodann die Jahreszeiten und die Abschnitte des Tageslaufs hinzu. Schreiten Sie nun diese Zyklen entlang des Kreisrands ab; achten Sie auf die Veränderungen bei jedem Schritt, die Temperaturunterschiede, die sich wandelnden Farben, das sich verändernde Licht.

Wenn Sie sicher sind, dass auch diese Zyklen nun in Ihren Kreis gezeichnet sind, setzen Sie sich eine Zeit lang still in die Mitte. Denken Sie dann an ein Gefühl oder ein Bedürfnis. Spüren Sie immer nur einem Gefühl nach, und gehen Sie dann ohne nachzudenken zu der Stelle auf dem Kreisrand, wo Sie diesen Zustand am stärksten empfinden. Wenn Sie sich ganz frei bewegen, können sich überraschende Ergebnisse zeigen. So erkennen Sie Bereiche, in denen Sie sich Stress aussetzen, weil Sie nicht im Einklang mit Ihren natürlichen Höhen und Tiefen handeln. Begeben Sie sich am Ende der Übung wieder in die Kreismitte und entspannen Sie sich, zentrieren Sie sich in der Energie Ihres Geistes, Ihrer Stärke. Ziehen Sie dann mit Ihrem Atem Ihren Aurakreis wieder sanft zurück, bis es Ihnen angenehm ist, und danken Sie den Geistern und dem Ort.

Sonne und Mond

Für unsere Ahnen waren Mond und Sonne von zentraler Bedeutung, und Indizien lassen darauf schließen, dass die alten druidischen Kalender am Mond ausgerichtet waren. Für alle heute praktizierenden Druiden ist der Mond in seiner Bedeutung der Sonne gleichgestellt, und es werden ebenso viele Rituale nachts im flackernden Feuerschein vollzogen wie tagsüber.

Das Studium der Beziehungen zwischen Sonne, Mond und Erde ist Ausgangspunkt vieler spiritueller Abenteuer. Was ist die Beziehung zwischen Licht, Dunkelheit und Helligkeit, zwischen Quelle, Reflexion und Perzeption, zwischen Ursache, Emotion und Wirklichkeit? Es bleibt dem Einzelnen überlassen, eine persönliche Beziehung zur Geistenergie von Sonne und Mond aufzubauen und zu pflegen.

Sternzeichen

Als die Kelten im 1. Jahrtausend v. u. Z. nach Britannien kamen, war das Klima einer Sternenbeobachtung wenig förderlich. Dennoch besteht für viele Druiden eine enge Verbindung zwischen ihrem Glauben und den alten Gräbern, den Menhiren und Steinkreisen, die an Auf- und Untergang von Sonne, Mond und vielen Sternen ausgerichtet sind. Nur wenige Druiden aber praktizieren einen hoch zeremoniellen Stil, der für ein Ritual exakt festgelegte Positionen bestimmter Sterne erfordert. Das Ziel des modernen Druiden liegt im Einklang mit der Natur, darin, das Erleben ihrer Realität zu erfahren und zu erweitern.

Die Sterne gelten eher als Omen und Führer denn als Lenker des Schicksals und ihre Beobachtung als Akt der Ehrfurcht und des Lernens. Der Druide strebt nach einem immer vollständigeren Verständnis aller Energien. Wie durch den Geist alle Aspekte unserer Welt untereinander verbunden sind, so hauchen die Sterne ihre Energie in einem kosmischen Netz der Verbundenheit über unsere Erde.

Viele Druiden besitzen ausreichende Himmelskenntnisse, um mit den Sternen, Konstellationen und Planeten und ihren wechselnden Stellungen im Lauf des Jahres arbeiten zu können, und beziehen sie mit ein in die wandelbaren Farben ihrer Tempel und Anbetungen.

Von der Geburt bis zum Tod

Auch der Zyklus des Lebens wird aufgenommen in den heiligen Kreis, seine Farben auf den Rand gezeichnet. Wenn die Sonne an Mittwinter in den Tiefen der Dunkelheit ihre neue Reise beginnt, wird eine neue Seele geboren. Wenn die Sonne höher steigt, die Erde wärmt und die ersten Sprösslinge durch den Boden brechen, wächst der Säugling zum Kind, und mit dem Frühling löst er sich aus der Umarmung der Mutter. Die Abenteuer der Kindheit, wachsendes Bewusstsein und beginnende Unabhängigkeit umfasst der Osten. Die Pubertät führt hinunter in den Südosten des Kreises, wo Fruchtbarkeit und Sexualität ihren Höhepunkt erreichen. Im Süden liegt der Gipfel unseres physischen Ausdrucks, unserer Kreativität, wo Feuer uns Mut gibt, Kraft und Energie. Hier ist unser Erwachsenenleben, das sich nach Mittsommer dem mittleren Lebensalter zuwendet. Je weiter wir in den Westen kommen, desto mehr wird die Betonung des Physischen ersetzt durch die Bedeutung von Erfahrung, Weisheit und innerem Gleichgewicht. Der letzte Abschnitt unseres Lebens führt uns in den Winter, wo der Tod auf uns wartet. An Mittwinter werden wir neu geboren.

Die Einstimmung auf die Zyklen der Natur spiegelt für uns den Zyklus unserer eigenen Lebensspanne.

Wege des Kreises

Nicht nur den Weg um den Rand des Kreises nutzt der Druide. Es gibt auch Wege, die durch die Mitte verlaufen; sie führen uns auf Linien der Reflexion und der Verbundenheit, die tiefe Möglichkeiten der Heilung bieten.

Im Osten blickt das Kind nach Westen, wo der Alte Weises spricht. Im Westen, wo das Alter naht, blickt die Seele auf der Suche nach einer Vision der Freiheit zum Kind. Im Südosten, wo die Sexualität lebendig ist, erkennt das Paar auf der Suche nach Fruchtbarkeit seine Ahnen im Nordwesten, die Platz schaffen wollen für ihre Nachkommen.

Wie die Punkte am Rand des Kreises sind auch die Wege durch die Kreismitte Tore zu den tieferen Mysterien der menschlichen Psyche.
Die Reisen, die wir so durchs Leben unternehmen, führen uns in Grenzbereiche unserer Seele, wo wir wachsen können an Erkenntnis, Schönheit und Gewissheit.

Tierkunde

Die Geister der Bäume, Büsche und Kräuter, die unseren Hain umgeben, geben unserer Energie Halt, lehren und inspirieren uns, die Geister der Tiere aber führen uns in andere Welten und Bewusstseinsstufen.

Das Druidentum ist reich an Lehre und Führung hinsichtlich der Verbindungen zwischen der menschlichen Seele und den Tieren um uns. Manche Tiere sind einfach Führer; sie ermöglichen dem Druiden, seine Sicht der Realität zu erweitern. Andere verbinden sich tiefer mit der Seele des Druiden; das sind die Totems. Das Totemtier ist ein Tier, das viele Leben lang mit seinem Menschen gearbeitet hat und integraler Bestandteil seines Seelenlebens wurde.

Wie fühlt ein Tier?

Durch Entspannung und Zuhören baut die Seele allmählich eine Beziehung zu einem Tier auf, sie bringt ihm Opfergaben dar und lernt die Sprache der Seele, die beide sprechen. Der Suchende sieht das Tier mit neuen Augen und erkennt, dass seine Bewegungen, seine Reaktionen und seine Geräusche Antworten enthalten. Es kann sein, dass der Druide im Geist die Stimme des Tiers hört, und wenn er lernt, Zugang zu einer tiefen Ebene der Empathie zu finden, kann er die Welt

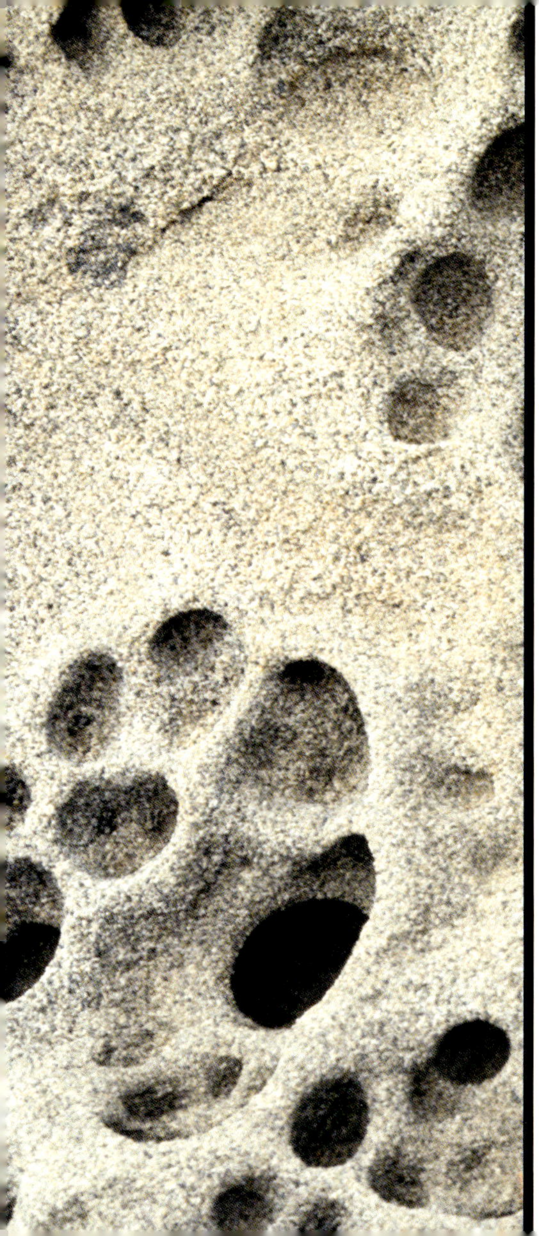

mit den Augen seines Tieres sehen. Jedes Tier hat seine Stärken. So stehen Hunde für Treue, für Anerkennen von Führungsansprüchen und das Einordnen am richtigen Platz im Rudel – Eigenschaften, die zur Selbstaufgabe hilfreich sind. Durch eine Beziehung mit einem Hund entdecken wir diese Eigenschaften in uns selbst.

Begeben Sie sich an Ihren heiligen Ort, ziehen Sie den Kreis Ihrer Aura, lösen Sie sich von Ablenkungen, entspannen Sie sich und lauschen Sie. Werden Sie sich Ihrer selbst bewusst, achten Sie darauf, wie Emotionen Ihr Leben in letzter Zeit beeinflusst haben, und überlegen Sie, welche Eigenschaft Ihnen jetzt dienlich wäre. Stärke, Schutz, Ruhe, Mut, Unbekümmertheit ... Laden Sie diese Eigenschaft dann in Gestalt eines Tieres in Ihren Kreis ein. Warten Sie geduldig.

Heißen Sie das Tier willkommen und bringen Sie ein Dankopfer. Spüren Sie seine Energie. Nun liegt es an Ihnen, diese Beziehung zu pflegen und daraus zu lernen.

Feste

Die Bedeutung der Feste im Druidentum kann gar nicht genug betont werden. Acht große Feste feiern den Lauf des Jahres, und wenn Übergangsrituale bei wichtigen Ereignissen in Ihrem Leben nicht im Rahmen eines Fests begangen werden, wird eine andere Feier gehalten, um auch diese Veränderungen zu ehren. Beide sind Ausdruck der Bewunderung für die Natur und ermöglichen jeder Seele, sich intensiver mit jedem Schritt des Weges in Einklang zu bringen.

Feste unterstreichen die Bedeutung der Gemeinschaft. Zwar feiern manche diese Feste allein, immer mehr aber kommen in Gruppen zusammen, bekräftigen die Macht ihres Rituals, lachen und lernen miteinander und stärken sich gegenseitig. Welche Feste feiern die Druiden also?

Die Sonnen- feste

Auf dem Breitengrad der britischen Inseln richtet man einen Kalender am besten an der Sonne aus; beobachtet ihren Lauf durch das Jahr. Andere Kalender mögen sich an Auf- und Untergang entfernterer Sterne orientieren, aber unser Klima erlaubt solch zuverlässige Himmelsbeobachtungen einfach nicht. Die dramatischen Veränderungen des Tageslichts und der Temperatur, die wir im Lauf des Jahres erleben, lenken unseren Blick auf die Sonne, die Ursache dieser Veränderungen.

Mittwinter

Im gemäßigt kühlen Klima Westeuropas gilt die Wiedergeburt der Sonne an Mittwinter, wenn die Tage wieder länger werden, vielen Angehörigen der Tradition als Zeit des höchsten Festes. Die instinktive Erleichterung, dass die Tage wieder länger werden, dass die Dunkelheit ihren Höhepunkt erreicht hat, durchströmt das Fest, ob weltlich, christlich oder heidnisch. Unsere germanischen Ahnen, die das Fest „Jul" nannten, begründeten die Tradition, 12 Tage zu feiern – einer von vielen Aspekten aus dem Heidentum, die das Christentum übernommen hat.

Im Druidentum wird die Wintersonnenwende um den 21. Dezember gefeiert, wenn die Sonne in den Steinbock eintritt, oder drei Tage

später am Mittwinter genannten 24. Dezember, wenn sie nach einer Pause an ihrem tiefsten Punkt wiederum ihre Reise ins Zentrum antritt. Weil im Druidentum wie im Judentum die Tage mit der Abenddämmerung beginnen, fangen die Feiern bereits am Vorabend an.

Mittwinter wird wie alle acht Feste, ja die meisten Riten, mit einer Zeremonie begangen, die in einem Tempelsanktuarium aus Steinen oder Holz oder einfach Energie stattfindet, wo Frieden ist und der Kreis gezogen, geweiht und gesegnet wird und in den man die Geistwesen, die Ahnen und Gottheiten einlädt, mit denen der Hain normalerweise arbeitet.

Den Mittelpunkt der Zeremonie bildet das Ritual zum Ende des Trauerns um den Tod des Lichts. Das Jahr, das mit dem Beginn des Winters seinem Ende zuging, liegt nun hinter uns. Eine neue Welt entsteht, wenn auch immer noch in den Armen ihrer dunklen Mutter: Ihre Energie umgibt uns noch immer. Mit Achtung ehren wir sie und ihre Gabe, das kindliche Licht. In die Zeremonie oder die Feiern um das Feuer und das anschließende Fest können Volksbräuche aufgenommen werden, darunter auch das Verbrennen des Winter-Eichenscheits als Symbol des Geistes der Herdfeuer, der die Gemeinschaft wärmt. Mistelzweige mit ihrem magischen Segen von Heilung, Fruchtbarkeit und Gegenwart werden verteilt. Geschenke werden gemacht zum Ausdruck der Energie unseres Geistes, zu Ehren des Neuen Jahres und zur Festigung des Bandes der Liebe und Gemeinschaft.

Frühjahrs-Äquinoktium

Die Frühjahrstagundnachtgleiche wird zwischen dem 20. und 23. März gefeiert, wenn die Sonne in den Widder tritt und Tag und Nacht gleich lang sind. Es ist die Zeit neuen Lebens, von Narzissen und Kirschblüten, von Vogelküken und Lämmchen auf den Wiesen. Die Eisymbolik tritt uns um diese Zeit überall entgegen. Jetzt wird die Kindheit gefeiert. Wir befinden uns wiederum an einem der Wendepunkte des Jahres. Die Dunkelheit liegt hinter uns, vor uns das Licht, in das wir hineinwachsen können.

Der Kern dieser Zeremonie ist das Segnen der Samen, aus denen die Ernte dieses Jahres hervorgehen wird. Auf der praktischen Ebene können Samen in Töpfe gesät und zu Hause gezogen werden – als Teil der Pflege des Landes, an der sich jeder Druide beteiligt.

Das Sonnenkind ist gewachsen, und seine Wärme berührt die Erde, regt uns zum Wachstum an. Im Ritus wird dies oft in Gestalt des Frühlingsmädchens und des jungen Sonnengottes dargestellt, die sich ihrer Sexualität bereits bewusst, doch noch nicht alt genug sind, sie auch einzusetzen. Sie tanzen, berührungslos, schüchtern und unschuldig, erfüllt von der erneuerten Lebensenergie. Es ist ein Fest der Fröhlichkeit und der Hoffnungen, da sich die Waagschale zum Licht hin neigt.

Mittsommer

Die Sommersonnenwende ist das Fest, das am häufigsten mit Druiden in Verbindung gebracht wird, auch wenn es nicht bedeutender ist als alle anderen. Es wird um den 21. Juni gefeiert, wenn die Sonne zu ihrem nördlichsten Punkt aufsteigt, oder drei Tage später, am „Mittsommer" genannten 24. Juni, wenn die Sonne nach der Pause ihren Abstieg beginnt. Das Fest feiert den Gipfel, und je weiter nördlich wir dafür reisen, desto mächtiger wird der Ritus. Die Sonne, an Mittwinter geboren, hat die Mächte der Dunkelheit bis auf wenige Nachtstunden zurückgedrängt. Dabei aber hat er (mythologisch ist die Sonne männlich) seine Kräfte erschöpft (in vielen Sonnenmythen wird er bei diesem Kampf verwundet), und jetzt lockert sich sein Griff. Dunkelheit schleicht sich allmählich wieder ein. Das Spiel der Naturkräfte setzt sich fort, spinnt Fäden der Spannung, des Lebens und des Todes, der Dunkelheit und des Lichts, des Männlichen und des Weiblichen. Mittsommer ist die Zeit, die Kraft des Lichts zu ehren, das Männliche, den Berggipfel, die Klinge des Schwerts, das Äußere und Energische. Beide Eigenschaften existieren in jeder Seele; jetzt ehren wir den äußeren Ausdruck des Selbst, unsere Vitalität und Kraft. Die Feiern beginnen oft in der Dämmerung des Vorabends und umfassen drei unterschiedliche Riten: den Ritus zur Einleitung der Nachtwache, den Ritus der Morgendämmerung und den Mittagsritus. Zunächst wird die Macht des Sonnenkönigs feierlich zelebriert, Dank und Ehre dargebracht. In der Morgendämmerung wird die Kraft der Sonne mit Ehrfurcht und Opfergaben geehrt. Am Mittag verändert sich der Ritus zu Ehren der Gezeitenwende. Unsere Aufmerksamkeit wendet sich vom Licht der Erde zu, der Göttin unseres Landes.

Herbst-Äquinoktium

Die Herbsttagundnachtgleiche wird zwischen dem 20. und 23. September gefeiert, wenn die Nacht wieder genauso lang ist wie der Tag. Das Gleichgewicht ist dieses Mal ergreifender als es im Eifer des Frühjahrs war; oft ist dies das stillste aller Feste. Die Ernte ist eingebracht; es ist die Zeit des Annehmens dessen, was wir haben, eine Zeit des Nachdenkens über das, was wir erreicht haben. Das Element Wasser ist jetzt stark, Ebbe und Flut der Meeresgezeiten, denn jetzt stehen wir im Westen unseres heiligen Kreises und versuchen, die Geheimnisse des Gleichgewichts zu verstehen. Jetzt ist die Zeit, in der wir die Gaben der Fülle und der Kraft miteinander teilen. In vielen Hainen ist es üblich, bei allen Festriten Speisen und Getränke zu segnen und miteinander zu teilen. Oft geschieht das in Gestalt eines großen runden Laibs selbstgebackenen Brotes und Honigweins (Apfelweins, Biers oder Weins), der in einem Trinkhorn im Kreis herumgereicht wird. Nach dem Dank an die Göttin des Landes und den Herrn des Lichts bittet die Versammlung um den Segen für das Brot und das Horn. Der erste Bissen Brot und der erste Schluck werden dem Land, Mutter Erde, den Geistern des Ortes geopfert, und wenn es zum Ritus passt, wird weiteres Brot und weiterer Met den Ahnen dargebracht.

Imbolc

Nach dem Kalender wird Imbolc (gesprochen *im-olk*) am 2. Februar begangen. Man nimmt an, dass sich der Name auf die Milch des Mutterschafs bezieht, die jetzt nach der Geburt der Lämmer fließt. Manche machen Imbolc an der Geburt der ersten Lämmer fest, andere halten nach den ersten Schneeglöckchen Ausschau.

Imbolc ist das erste Frühlingsfest, jetzt hebt das im tiefsten Wintergeborene Sonnenkind den Kopf, und die ersten wärmenden Strahlen berühren die Erde. Das Imbolcfeuer ist das zarte Licht des neuen Lebens; es flackert in den Kerzen des Ritus, der Esse der schmiedenden Göttin, die unsere Seelen für das vor uns liegende Jahr reinigt und reformiert. Für viele Druiden ist Imbolc das einzige Fest, das ausschließlich der weiblichen Gottheit gilt; der Ritus ist daher oft von kraftvoller Sanftheit, durchwoben von Poesie, der Kreis umgeben mit einem weißen Schleier als Symbol der Unschuld des Kindes. Jetzt ehren wir unsere Mütter und die Mütter unserer Mütter mit Dank an alle, die uns Leben gaben. Weiße Kerzen in einem mit Erde oder Wasser gefüllten Kessel (als Symbol des Körpers der Göttin oder des Fruchtwassers) werden gesegnet und entzündet, getränkt mit unserer Liebe und Hingabe, unseren Träumen und Gebeten.

Beltane

Beltane ist das erste Sommerfest, begangen am 1. Mai, wenn der Stier-Vollmond in den Skorpion tritt, oder bei Erscheinen der ersten rosa-weißen Blüten des Weißdorns, aus dessen Zweigen der Maien geschnitten wurde. Der Ritus an Beltane ist der Fruchtbarkeit gewidmet: für alle, die sich Kinder wünschen, für die Erde, für unsere Seelen und Träume. Das Zwillingsfeuer des Ritus drückt die Spannung der Gegensätze aus, die sich nach Vereinigung sehnen, der Quelle der Kreativität. Sonnenkönig und Frühlingsmaid sind zu sexueller Reife gewachsen, das Ritual ist der Tanz ihres Zusammenkommens. Sie ist jetzt die Maikönigin mit der Weißdornkrone, er kommt zu ihr als der Herr der Wälder. Ihr Tanz ist ansteckend und fordert alle Anwesenden auf, über die Flammen zu springen und den Segen zu empfangen.

Lughnasadh

Lughnasadh (gesprochen *Luh-nass-ah*) ist das Fest des Gottes Lugh. Es feiert die erste Ernte des am häufigsten angebauten Getreides, je nach Ort meist Weizen oder Gerste. Manche halten den Ritus, wenn der Löwe-Vollmond in den Wassermann tritt. Nach dem Kalender ist Lughnasadh am 1. August.

Die Zeit des Wachstums, die mit Beltane begann, ist nun zu Ende, jetzt kommt die Zeit der Ernte. Bei den Riten zu Lughnasadh werden oft Mythen nachgespielt: Der Maiskönig bietet sich zum Opfer dar und wird wiedergeboren als Laib frisch gebackenen Brotes. Einst war das Königsopfer real; den Göttern, die das Korn gegeben hatten, wurde Blut geopfert. Auch heute noch ist Thema des Festes das Geflecht über-

schwänglichen Lebens und der Freigabe an den Tod. Es ist zugleich das Fest dessen, was wir gesät und genährt haben, und die Ehrung seines Sterbens, da es sich für unsere Bedürfnisse hingibt.

Lughnasadh ist oft das größte Fest, Menschen reisen von weither an, um miteinander die Freuden ihrer Ernte zu teilen, bringen Musik und Speisen mit und tauschen Kunsthandwerk und Geschichten aus.

Wenn Sie dieses Kapitel lesen, steht eines dieser Feste innerhalb der nächsten Wochen bevor. Welches ist es? In welcher Jahreszeit befinden wir uns? Was geschieht mit der Energie des Landes, und in welcher Beziehung steht dies zur Energie Ihres Körpers und Ihrer Seele? Wie möchten Sie das bevorstehende Fest feiern?

Übergangsriten

Der Zyklus der Feste ermöglicht uns bewusste Schritte durch das Jahr; alle sechs Wochen nehmen wir die Veränderungen und unsere eigenen Entwicklungen bewusst wahr. In der druidischen Tradition gilt auch als wichtig, unserer Entwicklung in den verschiedenen Lebenszyklen Ausdruck zu verleihen. Daher gibt es für die druidische Familie Riten des Übergangs, die sie von der Empfängnis bis zum Tod begleiten.

Diese Zeremonien des Feierns, der Hingabe und der Transformation werden bis zu einem gewissen Grad individuell angepasst, damit sie wirklich zu den beteiligten Menschen passen. Sie sollen die Veränderung fördern, Vertrauen wecken und die Unterstützung bekräftigen. Wir segnen den neu empfangenen Fötus, begrüßen das neu geborene Kind, segnen die Kinder, wenn der erste Zahn ausfällt und zu anderen Zeitpunkten, am wichtigsten in der Pubertät. Es gibt Hochzeitsriten und auf der anderen Seite des Lebens den Ritus der Alten. Auch Riten des Sterbens, des Todes und der Trauer werden vollzogen, Schritte durch die Prozesse des Heilens, Ehrens und Loslassens im tiefen Wissen darum, dass das Bewusstsein des Geistes weiter lebt, auch nachdem er den Körper verlassen hat.

Initiationsriten

Auf der Reise in die Tradition finden immer wieder Übergangsriten statt: Druide zu werden ist eine lebenslange Erfahrung. Es gibt keine Hierarchie der Initiationsgrade, die man durchlaufen kann oder muss, um einen höheren Status oder Zugang zu bestimmten Lehren zu erhalten. Es gibt keinen Endpunkt. Ehrlich und aufrichtig seine persönliche Hingabe an das Land, die Tradition, an die Ahnen auszusprechen ist ein tief wirkender Schritt, der an sich schon den Menschen auf Wege zu neuen spirituellen Perspektiven führt. Viele Haine und Orden bieten einen

Initiationsritus an, der den Beitritt zur Gruppe markiert, oft verflochten mit einem persönlichen Bekenntnis zu dieser Reise, mit der Hingabe an Veränderung und Erwachen. Auf einer tieferen Ebene erfolgt die Initiation, wenn wir ein Tor durchschritten haben, das einen bedeutenden Bewusstseinswandel auslöst. Vor dem Schritt über eine solche Grenze müssen wir oft größte Ängste überwinden. Der Initiationsritus folgt auf dieses Erlebnis als Anerkennung und Dank an die Kräfte, die uns geführt haben. Wie alle Übergangsriten kann auch eine Initiation sowohl ausschließlich zwischen der Initiantin, ihren Führern, Göttern und Ahnen und den Geistern des Landes oder mit ihrem druidischen Lehrer oder etwas öffentlicher in Gegenwart des Hains oder einer größeren Gemeinschaft vollzogen werden.

Die Götter

Unsere Lehrer

Alle, die sich mit Hingabe um den druidischen Glauben bemühen, spüren schon bald die Präsenz eines Druiden aus der Ahnenreihe, der ihnen einen klaren Blick vermittelt, so dass ihr Bewusstsein wacher wird und er ihnen zeigt, dass der wichtigste Lehrer tatsächlich die Praxis der druidischen Rituale und Wahrnehmung ist.

Da es keine Schrift gibt, auf die sie sich beziehen könnten, lernen Druiden über Worte oder Empfindungen mit den Naturgeistern zu kommunizieren; und auch sie leiten und lehren uns dabei. Mächtiger noch sind die Elementargeister, die Geister des Winds, des Regens, der Flüsse, Meere, Steine und Stürme, des Feuers und der Blitze. Schon ihr Sein an sich enthüllt uns Bereiche unserer Psyche, unseres Emotional- und Instinktkörpers, unserer Glaubenssätze und Erwartungen, die sonst im Unbewussten verborgen blieben. Eine engere Beziehung zu ihnen bringt uns Heilung und Regeneration. Zusammen mit unseren Ahnen sind diese Geistwesen wahrscheinlich eine Quelle der vollkommenen

Inspiration, die im Kern des Druidentums liegt. Und tatsächlich suchen manche gar nicht weiter. Wenn das Ziel der Reise die außerordentliche Freude ist, Zugang zur höchsten Inspiration zu finden und sie durch Schönheit, Macht und Wissen vollkommen ausdrücken zu können, dann sind sicherlich alle Naturkräfte genug. Andere aber blicken über diese Kräfte hinaus – ins Reich der Götter.

Was sind Götter?

Ob Götter nun bloß Archetypen sind, besondere Spielarten der Lebensenergie oder reale Wesenheiten, führt uns wieder zurück, nicht zum Streit, sondern schlicht zu der erneuten Feststellung, dass beide Haltungen unter modernen Druiden zu finden sind. In jedem Fall aber bezeichnet der Begriff „Gottheit" eine Quelle der Kraft.

Gottheiten können tatsächlich reine Elementar- oder Naturkräfte sein. Dann bezeichnen wir einfach die „Schwingungsintelligenz" von Bergen, Seen und Orkanen als „Götter" statt als „Geister". An einem bestimmten Punkt unserer Evolution nahm unsere Sicht dieser Energien äußere Form an. Die mächtigeren Geister wurden Götter, manche in Tiergestalt, andere als eine Verbindung aus Mensch und Tier, wieder andere völlig nach menschlichem Bild. Außerdem gibt es Götter, die enger mit der menschlichen Psyche als mit der äußeren Welt der Natur verbunden sind. Auch sie sind Kräfte der Macht und werden mit unseren Ahnen assoziiert. Beim Umgang mit Menschen werden sie zuallermeist in menschlicher Gestalt wahrgenommen, und ihre Lehren betonen charakteristischerweise die der Ahnen: Es sind die Götter unserer Ahnen. Die Verehrung dieser Götter stärkt die Gemeinschaft und die Entwicklung unserer Familie wie unserer Tradition.

Die Götter unserer Ahnen

Es sind ausreichend Indizien erhalten, die ein recht genaues Bild von den Gottheiten vermitteln, die auf den britischen Inseln zwischen etwa Mitte des 1. Jahrtausends v. u. Z. und dem Mittelalter verehrt wurden, obwohl nicht sicher ist, wie viel die Druiden mit diesen Göttern zu tun hatten. Höchstwahrscheinlich hatten die Menschen persönliche Gottheiten ihrer Familie, Sippe oder örtlichen Umgebung, ihrer Zunft und ihrer Ahnen, die alle durch Gebete und Opfer verehrt wurden.

Archäologische Funde zeigen bildliche Darstellungen aus dem bronze- und eisenzeitlichen Europa, besonders aus dem Süden Britanniens und aus Frankreich, die einen Schwerpunkt auf Gottheiten der Sonne, des Donners, des Wassers, der Jagd und des Krieges sowie das gemeinsame Motiv einer dreifaltigen Göttin nahe legen. Die keltische Kultur war weitgehend analphabetisch, so findet man erst nach der Invasion durch die Römer Namen auf Altären und Statuen. Und doch wird immer noch eine so enorme Zahl verschiedener Gottheiten dargestellt, dass jeder Versuch der Rekonstruktion eines religiöses Systems rasch in Verwirrung enden muss, was uns wieder zu der Auffassung zurück führt, dass das Göttliche eher im Geist des Ortes als in einer umfassenderen sozialen Ordnung gesucht wurde.

Die Götter der modernen Druiden

Wie lokale Götter und Geistführer für unsere Ahnen die bei weitem häufigste Form der Gottheit waren, konzentriert sich auch heute unter engagierten Druiden die Verehrung auf die Gottheiten ihrer räumlichen Umgebung.

Viele wenden jedoch auch den Blick zurück und suchen die Götter der alten Stämme. Die mittelalterliche Literatur bietet Hinweise auf diese Gottheiten, sowohl auf die Geister des Ortes wie auf die mythischen Helden. Die literarische Mythologie lässt sich nur schwer in Bezug setzen zu archäologischen Funden und klassischen Indizien. Dabei wird auch deutlich, wie problematisch es ist, mit Texten zu arbeiten, die so stark von anderen Kulturen, nicht zuletzt von der christlichen, beeinflusst sind. Dennoch stehen Druiden, die mit anderen keltischen Göttern als den Geistern ihres Ortes arbeiten möchten, viele Bücher zur Verfügung.

Britische Götter

Von den Schlüsselfiguren wird im modernen Druidentum am häufigsten Arianrhod angerufen, die Tochter der Muttergöttin Don und des Beli Mawr, auf den sich alle mittelalterlichen Dynastien zurückführen. Sie ist eine Sternengöttin, insbesondere des Sternbilds Corona Borealis (Nördliche Krone). Man nennt sie die „Herrin des Silberrades"; sie regiert Geburt und Initiation. Ihr Liebhaber ist ihr Bruder Gwyddion. Er ist ein Himmelsherrscher – die Milchstraße ist Caer (Burg) Gwyddion – und ein Gott des Worts, ein Barde. „Lleu mit der geschickten Hand" ist ein Gott vieler Künste und einer der Lieblingsgötter moderner Druiden. Manawyddan, ein Meeresgott, wurde mit der Pferdegöttin Rhiannon, zugleich Göttin des Landes, verheiratet. Ihr erster Mann war Pwyll, Prinz von Dyfed und ein Herr des Annwn, der Unterwelt. Der Gott der Unterwelt ist Arawn, ein Seelenjäger, der auf einem grauen Pferd und in Begleitung einer Meute weißer Jagdhunde mit beängstigend roten Ohren durch die Abenddämmerung reitet. Bran ist Beschützer des Landes und Kriegsgott, seine Schwester Branwen hingegen Göttin der Liebe und der Erde. Cerridwen, Hüterin des Kessels der Inspiration und der Wiedergeburt, ist eine dunkle Muttergöttin und wahrscheinlich die wichtigste Göttin der walisischen mittelalterlichen Literatur.

Die irischen Götter

Viele irische Götter, die heute im Druidentum verehrt werden, gehören zu den Tuatha de Danaan, den Kindern der Danu, einer übermenschlichen Rasse, die in prähistorischer Zeit an Beltane die Fir Bolg besiegten und die Insel in Besitz nahmen. Als sie später selbst niedergerungen wurden, so heißt es, zogen die Tuatha sich in die heiligen Hügel der Erde zurück und wurden zu Naturwesen, den Sidhe.

Dagda ist der Vatergott, der Gute Gott und Herr des Wissens. Er ist derber als die anderen Mitglieder der Tuatha de Danaan. Bäuerlich gekleidet, mit Schmerbauch und eine gewaltige Keule auf Rädern mit sich ziehend, ist er der Herr über Leben und Tod. Dagda in vielem ähnlich, doch jünger und feiner ist Lugh, der „strahlende" Gott. Lughs Sohn ist Cu Chulainn, der große mythische Held der irischen Literatur.

Danu oder Dana ist die Muttergöttin des Landes und eine Flussgöttin. Ihr Name bedeutet „heilige Gabe" und wird manchmal innerhalb der Tradition synonym für das walisische Wort *Awen* verwendet, das die Energie der Inspiration bezeichnet. Zu den übrigen irischen Göttern gehört Bile, der Gott des Todes, zuweilen als Gemahl der Danu betrachtet. Mannanan Mac Lir ist der Meeresgott. Goibhnui ist der Gott der Schmiedekunst und des Bierbrauens, ähnlich dem walisischen Govannon.

Andere Götter

Nicht alle modernen Druiden, die mit übergeordneten Gottheiten arbeiten, verehren Götter aus den britischen oder irischen Mythen. Bestimmte Zweige der Tradition achten die alten gallischen Götter. Esus, dessen Name „Herr“ oder „Meister“ bedeutet, gilt als der Gott der Heiligen Eiche; Cernunnos, ein gehörnter Fruchtbarkeitsgott, gehört zu den populärsten Göttern im modernen Paganismus, wobei viele Druiden auch westsächsische Götter wie Odin und Freyja verehren.

Wichtiges Element der Tradition ist die Göttin des Landes, insbesondere in ihrer Beziehung zum König. War das Band zwischen ihnen stark, segnete die Göttin das Land mit Fülle, verachtete er sie aber, sandte sie Verwüstung. Die irische wie walisische Literatur ist reich an Geschichten darüber, wie das Band zwischen Göttin und König geknüpft wurde.

Auch die Verbindung zwischen Pferden und der Göttin des Landes ist bekannt. Zu den bekanntesten Mythen zählt der Pwyll-Mythos. Pwyll saß auf dem Hügel von Arberth, völlig gefesselt vom Anblick Rhiannons, die auf ihrer weißen Stute vorüberritt. Die uralte Kreidefigur bei Uffington in Wiltshire ist für viele Druiden ein besonders heiliger Ort. Für sie symbolisiert das weiße Pferd die immanente Macht des Landes.

Der vollkommene Austausch

Beziehung lautet der Schlüssel zur Art, in der Druiden mit ihren Gottheiten arbeiten. Zwar wird die Macht der Götter unzweifelhaft anerkannt, aber es entsteht nicht der Eindruck einer Hierarchie zwischen Göttern und Menschen. Die Druidin bemüht sich, die Gottheit zu erfreuen, mit der sie arbeiten möchte. Sie bringt der Natur und den Ahnen Opfergaben ihrer Verehrung; sie öffnet sich, hört zu und wartet geduldig, bis ein Gott oder eine Göttin zu ihr kommt. Ist die Verbindung hergestellt, geht es darum, eine enge Beziehung aufzubauen, durch Achtung die göttliche Macht verstehen zu lernen und durch Hingabe zu erfahren, wie sie dieser Gottheit etwas von sich selbst geben kann.

Ergebung gibt es wohl, nicht aber Unterordnung. Dank zunehmender Klarheit und Bewusstheit entdeckt die Druidin dabei, was sie wirklich will. Das kann Schutz sein, Liebe, Sicherheit, Freiheit, Heilung oder Unterweisung. Am häufigsten aber bittet man in der Tradition um nichts Spezifischeres als Inspiration. Die Druidin weiß, dass sie mit der Gabe der göttlichen Inspiration alles hat, was sie braucht: die Idee oder die Lösung und die Energie, sie in die Tat umzusetzen.

Doch um eine Gabe vollständig annehmen zu können, müssen auch wir genug gegeben haben. Unsere Beziehungen zu den Göttern gründen auf diesem Bedürfnis nach vollkommenem Austausch. Wir geben etwas von uns selbst, durch Opfergaben und durch unsere Freude, indem wir den Göttern die aus der Inspiration geborene Kreativität wiederschenken. Werden unsere Opfergaben angenommen, ist es uns gelungen, die Aufmerksamkeit der Gottheit zu halten und damit die Beziehung zu pflegen. Wie sich die Beziehung weiterentwickelt, so wächst auch der Strom göttlicher Energie, der uns geschenkt wird, zugleich Liebe und Vertrauen, verbunden mit der Fähigkeit zu geben ... und anzunehmen.

Die Erfahrung der Kommunion, des Austauschs von Energie mit dem Geist, des Öffnens zum Empfang des *Awen*, intensiviert das Wahrnehmungsvermögen der Druidin und ihr Erleben der Welt.

Nützliche Adressen

Dieses einführende Buch ermöglicht nur einen kurzen Blick auf den Reichtum der druidischen Lehren. Wenn Sie sich eingehender damit beschäftigen möchten, finden Sie in den unten angeführten Büchern weitere Anregungen. Es gibt viel zu viele Haine und Gruppen in der ganzen Welt, als dass ich sie alle aufzählen könnte. Deshalb erwähne ich hier einige der größeren und offeneren Orden. Dabei muss es aber dem Einzelnen überlassen bleiben, zu beurteilen, ob die Menschen, denen er in diesen oder anderen Gruppen begegnet, seine Sicht des Druidentums teilen, seine Aufmerksamkeit und seinen Einsatz wert sind. Ich führe diese Orden deshalb auf, weil man hier Kontakt aufnehmen kann, ob man nun Informationen, Möglichkeiten zur Ausbildung oder zur Teilnahme an offenen Feiern sucht.

The British Druid Order (BDO), unter der gemeinsamen Führung von Philip Shallcrass und mir, wurde 1979 gegründet. Organisiert Veranstaltungen, Workshops, Konferenzen und Vorträge in Großbritannien und der ganzen Welt, darunter auch öffentliche und nicht-öffentliche Rituale für Riten des Übergangs und die großen Feste.
Publiziert Bücher und Zeitschriften, darunter *The Druid's Voice*. Kontakt: BDO, PO Box 29, St Leonards-on-Sea, East Sussex TN37 7YP, UK. *www.druidorder.demon.co.uk*. (Die Seite wird gerade ins Deutsche übersetzt.)

The Druid Clan of Dana ist ebenfalls ein internationaler Orden mit vielen Hainen in der ganzen Welt. Er versteht sich als Teil der *Fellowship of Isis*, des größten Göttinen-orientierten Netzwerks der Welt.
Kontakt: The FOI, Clonegal Castle, Enniscorthy, Eire. Informationen gibt es auch unter *www.fellowship-of-isis.de*.

The Order of Bards, Ovates and Druids (OBOD) unter der Leitung von Philip Carr Gomm ist der weltweit größte Orden. OBOD gibt einen Korrespondenzkurs heraus, der durch alle drei Grade der Tradition führt und ein umfassendes und inspirierendes Wissen über das Druidentum vermit-

telt. Die Schülerinnen und Schüler werden von Tutoren begleitet. In der ganzen Welt gibt es zahlreiche Haine und Gruppen mit je eigenem Charakter und Schwerpunkt, die sich regelmäßig treffen.
Kontakt: OBOD, PO Box 1333, Lewes, East Sussex BN7 IDY UK *www.obod.co.uk*

Informationen über das Druidentum gibt es auch auf der deutschen Website *www.druidenwelt.de*

Bibliographie

Anmerkung der Übersetzerin: Leider sind Emma Restall Orrs andere Bücher sowie viele in ihrer Bibliographie erwähnte Werke nicht ins Deutsche übersetzt. Ich habe daher hier anhand des Originals sowie der auf Deutsch verfügbaren Literatur eine Bibliographie zur weiteren Einführung ins Druidentum zusammengestellt.

Druidentum
Philip Carr Gomm, *Der Weg des Druiden*, Hugendubel, 1998

Mythen
Bernhard Maier, *Das Sagenbuch der walisischen Kelten. Die vier Zweige des Mabinogi*, dtv, 1999
John & Caitlin Matthews, *Keltische Weisheiten*, Urania, 1999
Miranda Green, *Keltische Mythen*, Reclam, 1994
Clair French-Wieser, *Der Prinz von Annun, erzählt nach dem Mabinogion*, Freies Geistesleben & Urachhaus, 1995
Stephen Lawhead, *Taliesin, Sänger und Seher. Die Pendragon Saga*, Piper, 1998
Timothy R. Roberts, Mythologie der Kelten, Athenaion, 1997

Geschichte
Miranda Green, *Die Druiden*, Bechtermünz, 2001
Prudence Jones & Nigel Pennick, *Heidnisches Europa*, Arun, 1997

Ross Nichols, *Das magische Wissen der Druiden. Tradition und Geschichte der keltischen Geheimlehre*, Heyne Taschenbuch, 1998

Bäume

Patrice Bouchardon, *Heilende Energie der Bäume*, Urania, 1999
Liz & Colin Murray, *Das keltische Baumorakel*, Hugendubel, 1996

Tiere

Philip & Stephanie Carr Gomm, *Das keltische Tierorakel*, Aurum im Kamphausen Verlag 1998

Heilung

Ellen Evert Hopman, *Die Weisheit der Druiden*, Falken Taschenbuch Spezial, 1998
Anja Senser & Klaus Lang, *Heilbuch der Druiden*, Ludwig, 1999

Magie

Nigel Pennick, *Die Heilige Welt der Kelten*, Neue Erde, 2001
Nigel Pennick, *Die heiligen Landschaften der Kelten*, Arun 1998
A.A. Schwarz, R.P. Schweppe, W.M. Pfau, *Wyda – Die Kraft der Druiden*, Bauer, 1993
Douglas Monroe, *Merlyns Vermächtnis*, Bauer 1995
Douglas Monroe, *Merlyns Lehren*, Bauer 1996
Douglas Monroe, *Merlyns Wiederkehr*, Bauer 1999